WOLFGANG MÜLLNER

Aufgespaltene Arbeitgeberstellung und Betriebsverfassungsrecht

Schriften zum Sozial- und Arbeitsrecht

Band 36

Aufgespaltene Arbeitgeberstellung und Betriebsverfassungsrecht

Von

Dr. Wolfgang Müllner

DUNCKER & HUMBLOT / BERLIN

Gedruckt 1978 bei Buchdruckerei Richard Schröter, Berlin 61
Printed in Germany

ISBN 3 428 04185 2

Meinen Eltern
in Dankbarkeit gewidmet

Inhaltsverzeichnis

§ 1 Problemstellung

Die Behandlung von Dreiecksverhältnissen stellt den Juristen, auch auf dem Gebiet des Arbeitsrechts, traditionell vor besondere Probleme. Dreiecksbeziehungen treten im Arbeitsrecht insbesondere da auf, wo die Arbeitgeberstellung eine Aufspaltung erfährt. Nachdem die individualarbeitsrechtlichen Auswirkungen einer Aufspaltung der Arbeitgeberstellung schon lange diskutiert werden[1], fehlt eine Behandlung der kollektivrechtlichen Auswirkungen. Diese Arbeit hat es sich deshalb zum Ziel gesetzt, die betriebsverfassungsrechtlichen Probleme der aufgespaltenen Arbeitgeberstellung zu erörtern. Dabei soll methodisch zunächst die Arbeitgeberstellung näher beleuchtet werden. Danach werden die unterschiedlichen Erscheinungsformen der aufgespaltenen Arbeitgeberstellung aufgezeigt. Darauf aufbauend kann schließlich der Versuch unternommen werden, die Rechtsbeziehungen, welche zur Aufspaltung der Arbeitgeberstellung führen, sowie Einzelheiten der betriebsverfassungsrechtlichen Behandlung darzustellen.

---

[1] *Hueck / Nipperdey*, Bd. I, §§ 54 IV, 78 IV; *Nikisch*, Bd. I, § 24 III, IV, V mit weiteren Nachweisen.

§ 2 Die Arbeitgeberstellung

Ein tiefes Eindringen in den Problembereich der betriebsverfassungsrechtlichen Behandlung der aufgespaltenen Arbeitgeberstellung setzt zunächst eine eingehende Auseinandersetzung mit der Arbeitgeberstellung voraus. Die Arbeitgeberstellung hat bisher in der wissenschaftlichen Diskussion eine sekundäre Rolle gespielt. Erkennbar wird dies ohne weiteres aus Zahl und Umfang der wissenschaftlichen Beiträge auf diesem Gebiet.

Die Arbeitgeberstellung ist die Parteistellung im Schuldverhältnis. Sie beinhaltet den Anspruch auf Arbeitsleistung und die Verpflichtung zur Lohnzahlung. Damit ist aber die Arbeitgeberstellung noch nicht hinreichend umschrieben. Die weitere Beurteilung der Natur der Arbeitgeberstellung ist deshalb so schwierig, weil die Struktur der Schuldverhältnisse nicht abschließend geklärt ist und keinesfalls durch das Bürgerliche Gesetzbuch als bewältigt betrachtet werden kann. Das Arbeitsverhältnis ist ein Schuldverhältnis[1]. Das Arbeitsverhältnis ist aber mehr als die Summe von Ansprüchen und Verpflichtungen[2]. Vor allen Dingen Siber[3] hat der Vorstellung zum Durchbruch verholfen, daß das Schuldverhältnis von vorneherein etwas anderes als eine Summe von Einzelansprüchen ist. Nach der Vorstellung von Siber ist das Schuldverhältnis ein Rechtsverhältnis, aus dem einzelne Forderungen „entspringen" können. Das Schuldverhältnis ist also die „Quelle eines oder mehrerer Einzelansprüche und sonstiger Rechte, ein zur Erzeugung von Einzelrechten geeigneter Organismus"[4]. Später hat Siber[5] die Begriffsbestimmung dahingehend ergänzt, daß dem Schuldverhältnis als Organismus auch bloße Rechtslagen, wie die Empfängerschaft für Rücktritts- und Kündigungserklärungen des Gegners entspringen können. Mit einer über das reine Anspruchsdenken hinausgehenden Sicht des Schuldverhältnisses ist der Grundstein für das Verständnis der Arbeitgeberstellung gelegt.

---

[1] Vgl. *Hueck / Nipperdey*, Bd. I, S. 132 mit weiteren Hinweisen und unter Hinweis auf den personenrechtlichen Einschlag.

[2] Zum Wesen des Schuldverhältnisses vgl. *Pieper*, Vertragsübernahme und Vertragsbeitritt, S. 156.

[3] Bei *Planck*, Vorbem. I 1 a, b zu § 241, S. 3 f.

[4] So *Siber* bei Planck, ebd.

[5] *Siber*, Grundriß des Deutschen Bürgerlichen Rechts, 2. Schuldrecht, 1931, S. 1.

Die Arbeitgeberstellung als Parteistellung innerhalb des Arbeitsverhältnisses wird bestimmt durch *Ansprüche,* in besonderem Ausmaß aber auch durch *Rechte und Rechtslagen* innerhalb dieses Schuldverhältnisses. Zur Arbeitgeberstellung gehört die Fürsorgepflicht gegenüber den Arbeitnehmern, das Kündigungs- und Direktionsrecht. Der Arbeitgeber kann insbesondere Fragen der Ordnung des Betriebs und des Verhaltens der Arbeitnehmer im Betrieb sowie, soweit nicht einzelvertraglich oder tariflich festgelegt, Beginn und Ende der täglichen Arbeitszeit einschließlich der Pausen und die Verteilung der Arbeitszeit auf die einzelnen Wochentage regeln. Daneben besteht für den Arbeitgeber die Möglichkeit, die betriebsübliche Arbeitszeit vorübergehend zu verlängern oder zu verkürzen. Soweit keine einzel- oder tarifvertraglichen Regelungen vorliegen, bestimmt der Arbeitgeber über Zeit, Ort und Art der Auszahlung der Arbeitsentgelte, über die Einführung und Anwendung von technischen Einrichtungen, welche dazu bestimmt sind, das Verhalten oder die Leistung der Arbeitnehmer zu überwachen sowie über die Regelung zur Verhütung von Arbeitsunfällen und den Gesundheitsschutz. Dieser Aufzählung ließe sich noch eine Reihe von Beispielen anfügen. Aber bereits diese umrißhafte, keineswegs erschöpfende Umschreibung der Arbeitgeberstellung zeigt, wie vielschichtig und über einzelne Ansprüche hinausgehend der Arbeitgeberbegriff ist.

§ 3 Aufspaltung der Arbeitgeberstellung

I. Allgemeines

Neben der Komplexität verdient die Aufspaltbarkeit der Arbeitgeberstellung besondere Aufmerksamkeit. Das Arbeitsverhältnis kann so ausgestaltet sein, daß der Arbeitgeber eine natürliche Person ist, die ausschließlich in eigener Person alle Arbeitgeberfunktionen wahrnimmt. In diesem Fall sind also nur zwei Personen am Arbeitsverhältnis beteiligt, alle Rechtsbeziehungen spielen sich zwischen zwei Polen ab. Diese Art der Ausgestaltung des Arbeitsverhältnisses ist aber nur im Verhältnis zwischen Kleingewerbetreibenden oder freiberuflich Tätigen und deren Arbeitnehmern stark verbreitet. Rechtliche und wirtschaftliche Notwendigkeiten, insbesondere ein arbeitsteiliger Arbeitsprozeß, führen ansonsten zu einer Aufsplitterung der Arbeitgeberstellung.

An der rechtstatsächlichen Ausgestaltung der Arbeitgeberstellung, insbesondere dem Direktionsrecht, wurde für die Rechtswissenschaft und die Rechtssprechung schon bald unübersehbar, daß die Arbeitgeberfunktionen von mehreren mitunter voneinander unabhängigen Personen wahrgenommen werden können. Stark beeinflussend wirkten insoweit die Ausführungen von Nikisch[1]. Damit war das Problem der aufgespaltenen Arbeitgeberstellung erkannt. Eine abschließende Lösung wurde aber bis heute nicht gefunden. Ein tieferes Eindringen in den Problembereich setzt zunächst das Erfassen der unterschiedlichen Erscheinungsformen der aufgespaltenen Arbeitgeberstellung in der sozialen Wirklichkeit voraus. Erst danach können die Rechtsbeziehungen zwischen den Beteiligten analysiert werden.

II. Abstrakter und konkreter Arbeitgeber

Rechtliche Notwendigkeiten haben zur Aufspaltung der Arbeitgeberstellung zwischen abstraktem und konkretem Arbeitgeber geführt. Bereits 1918 hat Tietze[2] festgestellt, daß die Arbeitgeberstellung aufgespalten sein kann. Arbeitgeber ist zunächst die Partei des Arbeitsverhältnisses. Während aber der Arbeitnehmer notwendig eine natürliche

---

[1] Bd. I S. 144 ff.

[2] *Ehrenbergs* Handbuch des gesamten Handelsrechts, 2. Bd. (1918), S. 545 ff. (549 - 551).

Person sein muß, kann der Arbeitgeber in gewissen Fällen seine Rechte und Pflichten durch einen anderen wahrnehmen lassen. So kommt es bei juristischen Personen und nicht geschäftsfähigen Arbeitgebern, aber auch bei Konkurs des Betriebsinhabers, bei Nachlaßverwaltung, Nachlaßpflegschaft und Testamentsvollstreckung zwangsläufig zur Aufspaltung der Arbeitgeberstellung zwischen „abstraktem" und „konkretem Prinzipal". Diese aus den Anfängen des deutschen Arbeitsrechts stammende Erkenntnis ist von Alfred Hueck[3] übernommen worden und heute völlig unbestritten[4].

III. Delegation von Arbeitgeberfunktionen

Eine Aufspaltung der Arbeitgeberstellung kann sich aber auch auf Grund einer Arbeitsteilung beim Arbeitgeber ergeben. In größeren Unternehmen und Betrieben pflegen bestimmte oder auch alle Arbeitgeberfunktionen innerhalb der hierarchischen Ordnung delegiert zu werden. Dies gilt in ganz besonderem Maß für das Direktionsrecht, aber auch für andere Rechte, wie das Recht zur Einstellung, zur Versetzung, zur Kündigung, zur Ein- und Umgruppierung usw.

Nimmt man als Beispiel eine Aktiengesellschaft aus der personalintensiven Elektroindustrie, also etwa Siemens, so läßt sich deutlich zeigen, in welch außerordentlich großem Umfang Arbeitgeberbefugnisse von der Unternehmensleitung über mehrere Ebenen nach unten delegiert wurden. Bei Siemens bestehen in der Regel für die einzelnen Unternehmensbereiche mehrere Führungsebenen, angefangen vom Leiter des Unternehmensbereichs, über die Leiter von Geschäfts- oder Hauptbereichen, die Leiter von Werken und Hauptabteilungen, bis hin zu den Abteilungsleitern, Gruppenführern und Meistern. Bei personellen Einzelmaßnahmen zum Beispiel werden je nach Bedeutung des Vorgangs Personen der verschiedenen Führungsebenen als Arbeitgeber tätig. Bei Kündigungen durch den Arbeitgeber können Personen von der ersten bis zur untersten Führungsebene handeln. Bei Arbeitern zum Beispiel wird die Kündigung vom Meister eingeleitet. Nach außen im Verhältnis zum Arbeitgeber wird aber der übergeordnete Abteilungsleiter nach rechtlicher Beratung durch die Personalabteilung tätig. Aber selbst nach außen ist noch eine zusätzliche Aufsplitterung der Arbeitgeberstellung gegeben. Die schriftlichen Entscheidungen aller Führungsebenen im Hinblick auf personelle Einzelmaßnahmen werden von der Personalabteilung mitunterzeichnet. Schon dieses Beispiel

---

[3] *Hueck / Nipperdey*, Bd. I, 1. Aufl. S. 67.

[4] Vgl. *Hueck / Nipperdey*, Bd. I, 7. Aufl. S. 89; *Nikisch*, Bd. I S. 1438; *Söllner* S. 28.

zeigt, welch eine komplexe Ausgestaltung die Arbeitgeberstellung in der Praxis erfahren hat.

IV. Gruppenarbeitsverhältnis

Schwieriger als bei der Delegation von Arbeitgeberfunktionen ist beim Gruppenarbeitsverhältnis die Frage zu klären, ob und gegebenenfalls in welcher Weise eine funktionelle Verteilung der Arbeitgeberstellung stattfindet. Diese Frage ist für die beiden Spielarten des Gruppenarbeitsverhältnisses, die Betriebs- und die Eigengruppe, getrennt zu untersuchen.

1. Betriebsgruppe

a) Begriff

Eine Betriebsgruppe entsteht durch den Zusammenschluß mehrerer Arbeitnehmer durch den Arbeitgeber[5]. Dabei ist streitig, ob das Direktionsrecht des Arbeitgebers generell die Befugnis enthält, Arbeitnehmer zu einer Gruppenarbeit zusammenzuschließen, wenn dieses Recht nicht durch den Arbeitsvertrag ausgeschlossen ist[6], oder ob eine solche Befugnis des Arbeitgebers nur dann besteht, wenn im betreffenden Gewerbezweig die Gruppenarbeit allgemein üblich ist[7]. Betriebsgruppen werden häufig für die Verrichtung von Akkordarbeit gebildet, aber auch Montagetrupps, Flugzeugbesatzungen und Bodenpersonalbedienungstrupps bei privaten Fluggesellschaften oder Arbeitsteams in der privaten Forschung zählen hierunter[8].

b) Stellung des Gruppenführers

Bei Betriebsgruppen ist häufig anzutreffen, daß der Arbeitgeber einen Gruppenführer[9] (Vorarbeiter, Gruppen- oder Kameradschaftsältesten, Kolonnenführer) bestimmt oder daß die Gruppe sich einen eigenen Geschäftsführer oder Sprecher wählt. Im ersteren Falle kann das Direktionsrecht vom Arbeitgeber ganz oder teilweise übertragen werden, im letzteren Fall vertritt der Gruppenführer die Interessen der Gruppe und nimmt evtl. als Vertreter handelnd auch Rechte der

---

[5] *Nikisch*, Bd. I, § 24 I 1; *Hueck / Nipperdey*, Bd. I, § 78 I 1; *Palandt / Putzo*, Einf. v. § 611 BGB Anm. 4 cd; *Röhsler*, AR-Blattei „Gruppenarbeit" B I 1; *Rüthers*, ZfA 1977 S. 1 ff.; *Zöllner*, § 27 I 1; vgl. auch *Naendrup* in BlStSozArbR 1975 S. 241 ff.

[6] *Hueck / Nipperdey*, Bd. I, § 78 II 1; *Nikisch*, Bd. I, § 24 I 1 u. 2.

[7] *Ramm*, ZfA 1973 S. 269.

[8] Weitere Beispiele bei *F. Scheffler*, Gruppenarbeit, 1927.

[9] *Hueck / Nipperdey*, Bd. I, § 78 II 3; *Nikisch*, Bd. I, § 24 I 2.

Gruppenangehörigen wahr. Üblicherweise werden beide Funktionen in einer Person vereinigt[10]. Soweit der Gruppenführer allein auf der Seite der Arbeitnehmer steht und auch von diesen die Legitimation für seine hervorgehobene Stellung ableitet, nimmt er überhaupt keine Arbeitgeberfunktionen wahr. Der Gruppenführer ist in diesem Fall nicht dem Arbeitgeber, sondern den Arbeitnehmern für sein Handeln verantwortlich. Er nimmt also nicht auf Grund einer vom Arbeitgeber abgeleiteten Rechtsstellung arbeitgeberspezifische Funktionen wahr, die rechtliche Qualität der Stellung des Gruppenführers basiert vielmehr auf einer Übertragung von Arbeitnehmerrechten und Arbeitnehmerpflichten.

Übt der Gruppenführer hingegen für den Arbeitgeber und an dessen Stelle Arbeitgeberfunktionen aus, so gleicht die Situation der bei der Delegation von Arbeitgeberbefugnissen[11]. Der Gruppenführer stellt dann das unterste Glied im hierarchisch gegliederten Leitungs- und Organisationssystem eines Unternehmens dar. Für die Gesamtstruktur der Arbeitgeberstellung gilt dann das zum Delegationsmodell Ausgeführte. Insbesondere kann der Umfang der Arbeitgeberstellung des Gruppenführers ganz unterschiedlich ausgestaltet sein. Angefangen von der Ausübung eines lediglich partiellen Direktionsrechts bis hin zur Ermächtigung zu allen personellen Einzelmaßnahmen — insbesondere Einstellung und Kündigung — sind alle Fallvarianten denkbar.

2. Eigengruppe

a) Begriff

Die Eigengruppe entsteht dadurch, daß sich deren Mitglieder vor dem Eintritt in den Betrieb zusammenschließen[12] mit dem Ziel, Arbeiten oder Dienste zu verrichten, die nur im engen Zusammenwirken mehrerer Arbeitnehmer oder üblicherweise von einer Gruppe zu leisten sind. Als Beispiele seien „Hafengänge“[13], Maurerakkordkolonnen[14], Schauspieler- und Artistengruppen[15] und Kolonnen landwirtschaftlicher Wanderarbeiter erwähnt. Hierbei kann die Rechtsform des Zusammen-

---

[10] Vgl. § 117 des Entwurf eines Allgemeinen Arbeitsvertragsgesetzes von 1938 und *Hueck / Nipperdey*, Bd. I, § 78 II 3.

[11] Im Ergebnis ebenso *Röhsler*, AR-Blattei „Gruppenarbeit“, B II 1 c.

[12] *Hueck / Nipperdey*, Bd. I, § 78 III; *Nikisch*, Bd. I, § 24 II; *Palandt / Putzo*, Einf. v. § 611 BGB Anm. 4 cc; *Röhsler*, AR-Blattei „Gruppenarbeit“ C I 1; *Zöllner*, § 27 I 2; *Rüthers*, ZfA 77 S. 33 f.; vgl. auch *Naendrup* in BlStSozArbR 1975 S. 241 ff.

[13] RAG, Sammlg. ArbGebVbd 1929 S. 292.

[14] LG München, AP Nr. 1 zu § 611 BGB Akkordkolonne.

[15] RAG in ARS Bd. 6, S. 236.

schlusses variieren. Es kommt die Rechtsform der BGB-Gesellschaft[16] in Frage, aber auch ein nicht rechtsfähiger Verein[17], eine GmbH oder eine eingetragene Genossenschaft[18] ist denkbar.

b) Verteilung der Arbeitgeberfunktionen

Bei der Frage nach der Aufteilung der Arbeitgeberstellung ist zu unterscheiden zwischen mitgliedschaftlicher oder gesellschaftsrechtlicher und arbeitsrechtlicher Bindung der Gruppenmitglieder. Die mitgliedschaftliche oder gesellschaftsrechtliche Bindung der Gruppenmitglieder zueinander innerhalb der Gruppe führt nicht zu einer diesen Rechtsbeziehungen fremden Arbeitgeberstellung.

Haben die Gruppenmitglieder hingegen Arbeitsverträge mit einem Dritten abgeschlossen, so kann sich eine Aufspaltung der Arbeitgeberstellung genau wie bei der Betriebsgruppe durch Delegation von Arbeitgeberbefugnissen ergeben. Der Gruppenführer nimmt dann aber ncht originäre, sondern abgeleitete Arbeitgeberpositionen wahr. Über die Verteilung der Arbeitgeberfunktionen im einzelnen lassen sich für diesen Fall keine generellen Aussagen treffen. Das Ausmaß der Arbeitgeberstellung des Gruppenführers ist von der privatautonomen Rechtsgestaltung der Beteiligten abhängig. Wegen der Vielgestaltigkeit der Eigengruppen und der fehlenden Organisation in einem Verband steht auch kein empirisches Material zur Verfügung.

V. Beschäftigung bei ausländischen Streitkräften[19]

1. Rechtslage in der Bundesrepublik Deutschland

Für die Bundesrepublik regelt das NATO-Truppenstatut[20] in Ablösung des Truppenvertrages[21] durch Art. IX Abs. 4 und Art. 56 des Zusatzabkommens[22] die Rechtsverhältnisse des deutschen Personals bei

---

[16] *Hueck / Nipperdey*, Bd. I, § 78 III 1; *Molitor / Hueck / Riezler*, Der Arbeitsvertrag S. 62; *Hedemann*, NZfA 24, 257; *Büssing*, Gruppenarbeitsvertrag S. 35; *Nikisch*, Bd. I, § 24 II 2; *Röhsler*, AR-Blattei „Gruppenarbeit" C I 2; a. A. *Hofrichter*, Das mittelbare Arbeitsverhältnis 1939 S. 111 ff.

[17] *Hueck / Nipperdey*, Bd. I, § 78 III 1; *Scheffler*, Gruppenarbeit.

[18] *Hueck / Nipperdey*, Bd. I, § 78 III 1; *Hofrichter* S. 14; *Scheffler* S. 24; *Zöllner*, § 27 I 2 a.

[19] Vgl. *Rehbinder*, Die Rechtsnatur der Arbeitsverhältnisse der deutschen Arbeitnehmer bei ausländischen Streitkräften, 1969.

[20] BGBl. 1961 II S. 1183.

[21] BGBl. 1954 II S. 57 ff.; 1955 II S. 223 ff.; vom überholten Truppenvertrag ausgehend *Ramm*, ZfA 1973 S. 264.

[22] BGBl. 1961 II S. 1275.

den in der Bundesrepublik stationierten NATO-Streitkräften. Art. IX Abs. 4 des NATO-Truppenstatuts lautet:

> Der örtliche Bedarf einer Truppe oder eines zivilen Gefolges an zivilen Arbeitskräften wird in gleicher Weise wie der vergleichbare Bedarf des Aufnahmestaates und mit Unterstützung seiner Behörden über die Arbeitsvermittlungsstellen befriedigt. Die Anstellungs- und Arbeitsbedingungen, insbesondere die Löhne und Gehälter, die Zuschläge und die Arbeitsschutzbedingungen, bestimmen sich nach dem Recht des Aufnahmestaates. Solche bei einer Truppe oder einem zivilen Gefolge beschäftigten zivilen Arbeitnehmer gelten in keiner Beziehung als Mitglieder dieser Truppe oder dieses zivilen Gefolges.

Die Funktionsverteilung der Arbeitgeberstellung zwischen deutschen Behörden und Behörden der alliierten Truppen wird in den Absätzen 5 bis 9 des Art. 56 des Zusatzabkommens geregelt[23]. Die Bestimmungen lauten im einzelnen:

(5) Den *deutschen Behörden*[24] obliegt es, im Einvernehmen mit den Behörden einer Truppe oder eines zivilen Gefolges

(a) die als Grundlage für die einzelnen Arbeitsverträge dienenden Arbeitsbedingungen, einschließlich der Löhne, der Gehälter und der Einreihung der einzelnen Tätigkeitsarten in Lohn- und Gehaltsgruppen, festzusetzen und Tarifverträge abzuschließen und

(b) das Entlohnungsverfahren zu regeln.

(6) Die *Behörden einer Truppe* und eines zivilen Gefolges haben gegenüber den Arbeitskräften die Befugnis zur Einstellung, zur Einstufung nach Maßgabe von Absatz (7) Buchstabe (a) Sätze 2 bis 6 und Buchstabe (b), Zuweisung des Arbeitsplatzes, Ausbildung, Versetzung, Kündigung und Entgegennahme von Kündigungen.

(7)

(a) Die *Behörden einer Truppe* und eines zivilen Gefolges bestimmen die Zahl und Art der benötigten Arbeitsplätze gemäß der Einreihung der Tätigkeitsarten im Sinne des Absatzes (5) Buchstabe (a). Der einzelne Arbeitnehmer wird durch die Behörde der Truppe oder des zivilen Gefolges vorläufig in die entsprechende Lohn- oder Gehaltsgruppe eingestuft. Diese Einstufung bedarf der Zustimmung der zuständigen *deutschen Behörden*. Die Zustimmung gilt als gegeben, wenn die *deutschen Behörden* nicht innerhalb von vierzehn Tagen nach Zugang der Mitteilung über die vorläufige Einstufung Einspruch erheben. Im Falle eines Einspruches wird über die entsprechende Einstufung im Benehmen zwischen den *Behörden der Truppe* oder des zivilen Gefolges und den *deutschen Behörden* entschieden. Die Entlohnung für die Zeit der vorläufigen Einstufung wird gemäß der endgültigen Einstufung gezahlt; auf diese Vorschrift ist der Arbeitnehmer bei der vorläufigen Einstufung hinzuweisen.

(b) Die *Behörden der Truppe* führen die Einstufung der Mitglieder der Dienstgruppen durch. Sie teilen diese Einstufung den zuständigen *deutschen Behörden* mit und berücksichtigen deren Änderungsvorschläge in angemessener Weise.

---

[23] Vgl. dazu auch *Beitzke*, RdA 1973 S. 156 f.

[24] Die Hervorhebungen entsprechen nicht dem amtlichen Text.

(8) Streitigkeiten aus dem Arbeitsverhältnis und aus dem Sozialversicherungsverhältnis unterliegen der deutschen Gerichtsbarkeit. Klagen gegen den Arbeitgeber sind gegen die *Bundesrepublik* zu richten. Klagen für den Arbeitgeber werden von der Bundesrepublik erhoben.

(9) Die für die zivilen Bediensteten bei der Bundeswehr maßgebenden Vorschriften des deutschen Rechts über die Personalvertretung gelten für die Betriebsvertretung der zivilen Arbeitskräfte bei einer Truppe und einem zivilen Gefolge, soweit in dem auf diesen Artikel Bezug nehmenden Abschnitt des Unterzeichnungsprotokolls nicht etwas anderes bestimmt ist.

Die Einzelregelungen des Zusatzabkommens zeigen, daß sowohl deutsche als auch alliierte Behörden Arbeitgeberfunktionen wahrnehmen. Beide treten den Arbeitnehmern im Außenverhältnis als Arbeitgeber gegenüber. Also liegt auch bei der Beschäftigung deutschen Personals bei den alliierten Streitkräften ein Fall von aufgespaltener Arbeitgeberstellung vor. Die Rechtsprechung hat sich, allerdings noch während der Geltung des Truppenvertrages, zu dieser Frage höchst unsicher verhalten. Während das Bundesarbeitsgericht zunächst eine Aufspaltung angenommen hat, hat es später diese Ansicht wieder aufgegeben[25].

Das Zueinander der einzelnen Arbeitgeberfunktionen ausübenden Behörden stellt sich unterschiedlich dar. Die deutschen Behörden handeln im Einvernehmen mit den alliierten Behörden. Die Behörden der Truppe sind teilweise in ihrer Entscheidung frei, teilweise sind sie an die Zustimmung der deutschen Behörden gebunden oder sie entscheiden im Benehmen oder unter angemessener Berücksichtigung der Änderungsvorschläge der deutschen Behörden.

2. Rechtslage in Westberlin

Die Rechtslage des bei den alliierten Streitkräften beschäftigten deutschen Personals unterscheidet sich in der Bundesrepublik Deutschland und in Westberlin. Für Berlin gilt nicht das NATO-Truppenstatut und das Zusatzabkommen, sondern das kleine Besatzungsstatut. Nach dem Inkrafttreten des NATO-Truppenstatuts erließ die Alliierte Kommandantur eine Anordnung[26], welche das bei den Besatzungsbehörden und -streitkräften in Berlin beschäftigte nicht alliierte Personal betrifft. Die Funktionsaufteilung der Arbeitgeberstellung zwischen deutschen und alliierten Behörden erfolgte in den Ziffern 3 bis 6 der Anordnung. Die Bestimmungen lauten:

---

[25] BAG v. 22.12.1956 einerseits und v. 20.12.1957 andererseits, AP Nr. 6 Bl. 1 R und AP Nr. 8 Bl. 3 R zu Art. 44 Truppenvertrag.

[26] Anordnung BK/O (65) 10 über das bei den Besatzungsbehörden und -streitkräften in Berlin beschäftigte nicht alliierte Personal vom 27. Sept. 1965, GVBl für Berlin S. 1431.

3. Den *deutschen Behörden*[27] obliegt es, auf Weisung der alliierten Behörden und im Einvernehmen mit ihnen
   (a) Tarifverträge abzuschließen;
   (b) das Entlohnungsverfahren zu regeln.
4. Die *alliierten Behörden* haben gegenüber den Arbeitskräften die Befugnis zur Einstellung, Einstufung nach Maßgabe von Absatz 5, Zuweisung des Arbeitsplatzes, Beaufsichtigung (Disziplin und Leistung), Ausbildung, Versetzung, Kündigung und Entgegennahme von Kündigungen. Ein Beschäftigter darf jedoch nicht ohne seine Zustimmung in die Bundesrepublik versetzt werden.
5. Die *alliierten Behörden* bestimmen die Zahl der benötigten Stellen unter Festlegung der erforderlichen Lohn- und Gehaltsgruppen. Der für die Stelle vorgesehene Arbeitnehmer wird durch die alliierten Behörden vorläufig in die entsprechende Lohn- oder Gehaltsgruppe eingestuft. Diese Einstufung bedarf der Zustimmung der zuständigen *deutschen Behörden.* Die Zustimmung gilt als gegeben, wenn die *deutschen Behörden* nicht innerhalb von 14 Tagen nach Zugang der Mitteilung über die vorläufige Einstufung Einspruch erheben. Im Falle eines Einspruches wird über die entsprechende Einstufung im Benehmen zwischen den *alliierten und deutschen Behörden* entschieden. Falls ein Übereinkommen nicht erzielt wird, bleibt die durch die *alliierten Behörden* vorgenommene Einstufung bestehen. Die Vergütung für die Zeit der vorläufigen Einstufung wird gemäß der endgültigen Einstufung gezahlt, jedoch kann gegenüber dem Arbeitnehmer keine Forderung auf Rückerstattung erhoben und keine Verrechnung vorgenommen werden.
6. Die deutschen Gerichte für Arbeitssachen sind ermächtigt, die Gerichtsbarkeit in Streitigkeiten auszuüben, die sich aus dem Arbeitsverhältnis bei den alliierten Besatzungsbehörden und -streitkräften ergeben. Gemäß der Erklärung über Berlin vom 5. Mai 1955 kann diese Ermächtigung in einzelnen Fällen von dem betreffenden Sektorenkommandanten widerrufen werden, wenn er meint, daß ein schwerer Verstoß gegen die militärische Sicherheit vorliegt. Klagen gegen den Arbeitgeber sind gegen das *Land Berlin* zu richten, Klagen für den Arbeitgeber werden vom Land Berlin erhoben (Prozeßstandschaft).

Aus den angesprochenen Bestimmungen ergibt sich, daß zwar das Schwergewicht der Arbeitgeberstellung bei den alliierten Behörden liegt, dennoch nehmen auch deutsche Behörden Arbeitgeberfunktionen wahr. Die deutschen Behörden handeln im eigenen Namen im Außenverhältnis, wenn sie Tarifverträge abschließen oder das Entlohnungsverfahren regeln. Dieses Handeln ist kraft Gesetzes für die deutschen Arbeitnehmer der Alliierten rechtsverbindlich. Es liegt also gleichfalls ein Fall von aufgespaltener Arbeitgeberstellung vor.

3. Zusammenfassung

Die Beschäftigungsverhältnisse der deutschen Arbeitnehmer bei den alliierten Streitkräften führen in jedem Fall zu einer Aufspaltung der

[27] Die Hervorhebungen entsprechen nicht dem amtlichen Text.

Arbeitgeberstellung. Die Aufteilung der Arbeitgeberfunktionen zwischen den deutschen und den alliierten Behörden ist allerdings in der Bundesrepublik und Westberlin unterschiedlich.

VI. Mittelbares Arbeitsverhältnis[28]

Das Problem der Aufspaltung der Arbeitgeberstellung wird auch beim mittelbaren Arbeitsverhältnis diskutiert[29]. Bevor näher auf die Frage der Ausgestaltung der Arbeitgeberstellung eingegangen werden kann, empfiehlt es sich, zunächst den Begriff des mittelbaren Arbeitsverhältnisses zu erläutern und einzelne mittelbare Arbeitsverhältnisse darzustellen.

1. Begriff

Mitunter überträgt der Arbeitgeber aus Gründen der Betriebsorganisation an einen einzelnen Arbeitnehmer weitgehende betriebliche Leitungsbefugnisse des Inhalts, daß der Arbeitnehmer sogar die von ihm benötigten Arbeitskräfte selbständig auswählen, einstellen und entlassen kann. Der Arbeitnehmer bedient sich dann erlaubterweise zur Erfüllung seiner eigenen arbeitsvertraglichen Verpflichtung Gehilfen. Ein mittelbares Arbeitsverhältnis oder Gehilfenverhältnis setzt demnach dreierlei voraus[30]: Einmal muß der beschäftigende Mittelsmann seinerseits Arbeitnehmer eines Dritten sein, die Arbeit des Gehilfen muß mit Wissen des Dritten unmittelbar für diesen geleistet werden, ohne daß zwischen ihnen ein Arbeitsvertrag besteht, und schließlich muß die Arbeitsleistung des Gehilfen zur Erfüllung der Arbeitsvertragspflicht des Mittelmannes beitragen.

---

[28] Vgl. hierzu *W. Herschel*, Das mittelbare Arbeitsverhältnis, JW 37, 1115; *Paul Hofrichter*, Das mittelbare Arbeitsverhältnis, Zwischenpersonen und Gruppen im Arbeitsrecht, Berlin 1939; *Hueck / Nipperdey*, Bd. I, § 78 V; *Hans Ibing*, Arbeitsgruppen, Zwischenpersonen, mittelbare Arbeitsverhältnisse, Göttinger Diss. 1935; *Kaufmann*, Zum Begriff des mittelbaren Arbeitsverhältnisses; *Kaskel / Dersch*, S. 27, 135; *Kölble*, DJZ 1936 S. 1345; *Hugo Marx*, Mittelbare Arbeitsverhältnisse, Arbeitsrechtspraxis 1930 S. 30 ff.; *Maus*, S. 200; *Heinrich Neumann*, Mittelbare Arbeitsverhältnisse, Diss. Leipzig 1934; *Nikisch*, Bd. I, § 24 III; *Palandt / Putzo*, Einf. v. § 611 BGB Anm. 4 bb; *Ramm*, Die Aufspaltung der Arbeitgeberfunktionen, ZfA 1973, S. 263 ff.; *Roeder*, Das mittelbare Arbeitsverhältnis in Theorie und Praxis, DGWR 1937 S. 145 ff.; *ders.*, Arbeitsvertragsverhältnis bei mittelbarem Beschäftigungsverhältnis, ZAKDR 1937 S. 115 ff.; *Schaub*, §§ 184, 185; *Schieckel*, Mittelbare Arbeitsverhältnisse, ArbR 1932 S. 515; *Schrauth*, Das mittelbare Arbeitsverhältnis, Diss. Gießen 1939; *Zöllner*, § 27 II.

[29] *Nikisch*, Bd. I, § 24 III 3; *Ramm*, ZfA 1973 S. 271 ff.

[30] *Hueck / Nipperdey*, Bd. I, § 78 V 1; *Nikisch*, Bd. I, § 24 III 1; *Röhsler*, AR-Blattei „Gruppenarbeit“ I D I 1.

2. Abgrenzung zu ähnlichen Tatbeständen

Kein mittelbares Arbeitsverhältnis liegt vor, wenn ein Arbeitnehmer von seinem Arbeitgeber nur vorübergehend in einen fremden Betrieb abgeordnet wird. Die Arbeitnehmer haben zwar auch die Ordnung des fremden Betriebs zu beachten, diese Pflicht obliegt ihnen jedoch nur als Erfüllungsgehilfen (§ 278 BGB), deren Verschulden ihr Arbeitgeber zu vertreten hat. Die Annahme eines mittelbaren Arbeitsverhältnisses ist ferner ausgeschlossen bei Beschäftigung eines Gehilfen durch einen Unternehmer, selbst wenn die Arbeitsleistung einem Dritten zugute kommt und in dessen Betrieb geleistet wird[31], sowie beim Leiharbeitsverhältnis, da der Verleiher als selbständiger Unternehmer in keinem Arbeitsverhältnis zum Entleiher steht.

3. Einzelne mittelbare Arbeitsverhältnisse

a) Mittelbare Arbeitsverhältnisse in der Land- und Forstwirtschaft[32]

Früher wurde häufig auf größeren Gütern die Wartung des Großviehs einem *Melkmeister* übertragen, dem weitestgehende Selbständigkeit eingeräumt wurde. Er stellte die notwendigen Hilfskräfte ein, vereinbarte mit ihnen die Arbeitsbedingungen und entließ sie. Die Zahl der Hilfskräfte richtete sich nach der Größe des Viehbestandes. Der Lohn des Melkmeisters setzte sich aus einem Deputat (ein kleines Stück Land, Naturalien und freie Wohnung) sowie einem Geldlohn zusammen. Von diesen Beträgen hatte der Melkmeister den Gehilfen und Lehrlingen den Lohn oder die Erziehungsbeihilfe zu bezahlen, außerdem sie zu beköstigen und in vom Gutsbesitzer bereitgestellten Wohnungen unterzubringen. Daneben kamen in der Landwirtschaft andere Zwischenpersonen[33] mit den wesentlich gleichen Arbeitgeberfunktionen, etwa Schaf- und Forstmeister, vor.

Eine besondere Form des mittelbaren Arbeitsverhältnisses, *das Hofgängerverhältnis*[34], hatte sich aus der besonderen Form der ostelbischen

---

[31] Zu den Schwierigkeiten bei der konkreten Abgrenzung vgl. RGZ 13 S. 58; 37 S. 278; 72 S. 282.

[32] Vgl. dazu: *Arnold Apel*, Die rechtliche Stellung der Zwischenpersonen, Berlin 1916; *Aubele*, Mittelbare Arbeitsverhältnisse, Zeitschrift für Rechtspflege in Bayern 1933 S. 281 ff.; *Klinggräff*, Über die arbeitsrechtliche Stellung des Landarbeiters, Heidelberger Diss. 1927; *Moll* und *Roeder*, Unmittelbares Beschäftigungsverhältnis des Untermelkers, DGWR 1937 S. 322 ff.; *Roeder*, Das mittelbare Beschäftigungsverhältnis im Landarbeitsrecht, DGWR 1937 S. 115 ff.; *Schlegelberger*, Das Landarbeitsrecht in Preußen, Berlin 1907; *Waldow*, Das Arbeitsrecht bei Land- und Forstwirtschaft, Leipzig 1929.

[33] Vgl. aber auch: *Neuhaus*, Das Zwischenmeistersystem in der Berliner Holzbearbeitungsindustrie, SozPr VIII, Sp. 1195 - 1198.

Gutsverfassung entwickelt. In Ostpreußen, Pommern und Mecklenburg wurde einem großen Teil der ständig beschäftigten landwirtschaftlichen Arbeiter, den Deputanten, bei Vereinbarungen mit dem Gutsbesitzer die Verpflichtung auferlegt, noch einen oder mehrere sog. Hofgänger oder Scharwerker zur Arbeit zu stellen. Soweit der Deputant diesen Dienstverschaffungsvertrag nicht durch eigene Familienangehörige erfüllte, hatte er mit Hofgängern im eigenen Namen Arbeitsverträge abzuschließen und sie auch aus seinem Entgelt zu entlohnen. Der Unterschied zum Zwischenmeister besteht darin, daß dieser eine leitende Stellung einnimmt, während der Gutsherr über die Arbeitskraft des Hofgängers frei verfügt. § 613 S. 2 BGB ist nur eine Auslegungsregel und daher abdingbar. Dem Deputanten bleibt von der Arbeitgeberstellung nur der Begründungs- und Beendigungsakt des Arbeitsvertrags sowie die Lohnzahlungspflicht. Das Hofgängerverhältnis reicht in seinen Wurzeln bis in die Zeit vor der Bauernbefreiung zurück und konnte auch durch die Stein-Hardenbergschen Reformen nicht nachhaltig beseitigt werden.

Die kriegsbedingten Gebietsverluste im Osten sowie die durch die Industrialisierung verursachte Landflucht haben die Struktur der Land- und Forstwirtschaft grundlegend gewandelt. Von diesen einschneidenden Vorgängen blieb auch das mittelbare Arbeitsverhältnis in der Land- und Forstwirtschaft nicht unberührt. Soweit die *Melk-, Schaf- und Forstmeisterverhältnisse* nicht durch den Verlust landwirtschaftlicher Schwerpunkte wie Ostpreußen und Pommern bedeutungslos wurden, hat die Technisierung der Landwirtschaft die mittelbaren Arbeitsverhältnisse weitgehend zurückgedrängt. Nach Auskunft des Bauernverbandes und des Arbeitgeberverbandes für Land- und Forstwirtschaft sind heute keine mittelbaren Arbeitsverhältnisse in der Landwirtschaft bekannt.

b) Der Ziegelmeister[35]

Die Stellung des Ziegelmeisters war noch selbständiger als die der Zwischenmeister in der Landwirtschaft. Er übernahm in der Regel ge-

---

[34] Vgl. *Harald Becker*, Das Hofgängersystem in der ostdeutschen Landwirtschaft, Frankfurter Diss. 1934; *Karl Hagemann*, Der Hofgänger, DAR 1936 S. 89; *Klinggräff*, Über die arbeitsrechtliche Stellung des Landarbeiters, Heidelberger Diss. 1927; *Erich Molitor*, Anm. 28 zu § 1 LAO; *Molitor* und *H. Lehmann*, Die Berufsfrage des deutschen Landarbeiters unter besonderer Berücksichtigung des Hofgängerwesens, Gutachten 1934; *Pondorf*, Hofgängerverträge in: Der land- und forstwirtschaftliche Arbeitgeber 1932, Heft 11, 12, S. 340 ff.; *Roeder*, Die Stellung des Hofgängers im heutigen Arbeitsrecht, Recht des Nährstandes 1935 S. 230 ff.; *ders.*, Die Abschaffung des Hofgängerwesens im Spiegel der Rechtsprechung, NS-Sozialpolitik 1937 S. 106 ff.; *Sachse*, Der Hofgänger, NS-Sozialpolitik 1936 S. 488 ff.; *Joachim Wistinghausen*, Das Arbeitsverhältnis des Hofgängers, Greifswalder Diss. 1932.

[35] Vgl. *P. Hofrichter* S. 21 f.

genüber dem Eigentümer der Ziegelei die Verpflichtung zur Herstellung einer Mindestzahl von Ziegeln. Der Unternehmer stellte nur seine Einrichtungen sächlicher und organisatorischer Art zur Verfügung. Der Lohn des Ziegelmeisters war ein reiner Stücklohn, von diesem hatte er seine Arbeiter zu entlohnen. Dies geschah teilweise so, daß der Eigentümer der Ziegelei die Löhne direkt an die Arbeiter zahlte und dies dann mit dem Ziegelmeister verrechnet wurde. Einstellung und Entlassung sowie die Vereinbarung der Arbeitsbedingungen mit den Arbeitern erfolgten durch den Ziegelmeister. Auch die Bestimmung der Zahl der benötigten Arbeitskräfte erfolgte oftmals durch ihn allein.

Das mittelbare Arbeitsverhältnis in der Ziegelindustrie war geknüpft an die arbeitsintensive manuelle Ziegelherstellung. Die zunehmende Rationalisierung, Technisierung und Automatisierung, sowie die Konzentrationsbewegung bei der Ziegelherstellung dürften auch den Ziegelmeister in seiner Bedeutung weitgehend auf ein Lehrbuchdasein zurückgedrängt haben[36]. Leider blieb eine Anfrage an die IG-Bau-Steine-Erden zu dieser Frage ergebnislos.

c) Die Musikkapelle[37]

Für die Bildung und Tätigkeit von Musikkapellen gibt es ein breites Spektrum von Möglichkeiten, und nicht in jedem Fall liegt ein mittelbares Arbeitsverhältnis vor.

Die Musiker können direkt mit dem Unternehmer des Betriebs, der auch in eigener Person alle Arbeitgeberfunktionen wahrnimmt, Arbeitsverträge abschließen. Auf der anderen Seite kann die Stellung des Kapellmeisters so stark sein, daß die Musiker zu ihm in ein Arbeitsverhältnis treten und der Kapellmeister auch alle Arbeitgeberfunktionen ausübt. In beiden Fällen gibt es nur einen Arbeitgeber.

Möglich ist ferner, daß sich einige Musiker zur gemeinsamen Ausübung ihres Berufes zusammenschließen und eine BGB-Gesellschaft bilden, oder daß ein Beauftragter eines Cafes, Hotels oder Vergnügungsetablissements eine Kapelle zusammenstellt, die dann als Eigengruppe[38] mit dem Unternehmer Verträge abschließt.

Der weitaus häufigste Fall bei größeren Kapellen dürfte aber sein, daß der Kapellmeister nicht primus inter pares ist, sondern dieser wegen seiner künstlerischen und organisatorischen Fähigkeiten die Musiker im eigenen Namen unter Arbeitsvertrag nimmt. Der Kapellmeister

---

[36] So im Ergebnis wohl auch *Zöllner*, § 27 II 1.

[37] *Kurt Maurer*, Arbeitsverhältnis der Musiker, AR-Blattei „Künstlerische Tätigkeit“ IV; *Nikisch*, Bd. I, § 24 IV.

[38] Zur Eigengruppe vgl. die Ausführungen zu § 3 IV 2.

übt dann auf Grund seiner besonderen Stellung und seiner vertraglichen Pflichten Arbeitgeberfunktionen aus. Steht der Kapellmeister in einem Arbeitsverhältnis zu einem Veranstalter und beschäftigt der Kapellmeister mit dessen Wissen Musiker, die unmittelbar zur Vertragspflichterfüllung gegenüber dem Veranstalter eingesetzt werden, ohne daß zu diesem ein Arbeitsverhältnis besteht, so liegt nach der einhelligen Definition ein mittelbares Arbeitsverhältnis vor[39].

Kein mittelbares Arbeitsverhältnis liegt vor, wenn die Musiker nicht zu einem Kapellmeister, sondern zu einer Gesellschaft in einem Arbeitsverhältnis stehen. Zwar besteht im Hinblick auf die Interessenlage der Musiker eine Ähnlichkeit mit dem mittelbaren Arbeitsverhältnis, der Unterschied liegt aber darin, daß der Mittelsmann nicht Arbeitnehmer des mittelbaren Arbeitgebers, sondern Gesellschafter ist[40]. Trotzdem kann auch in diesem Fall eine Aufspaltung der „Arbeitgeberstellung" eintreten[41]. Diese Aufspaltung vollzieht sich dadurch, daß ein Teil der Rechtsbeziehungen aus dem Gesellschaftsrecht entlassen wird und nunmehr der arbeitsrechtlichen Beurteilung offensteht.

d) Zusammenfassung

Es ist heute wesentlich leichter, das mittelbare Arbeitsverhältnis nach abstrakten Merkmalen zu bestimmen, als bestimmte Typen von mittelbaren Arbeitsverhältnissen in der sozialen Wirklichkeit aufzufinden. Grundlegende Veränderungen in der Produktionsweise haben auf dem Gebiet der Land- und Forstwirtschaft und auch bei der Ziegelherstellung die mittelbaren Arbeitsverhältnisse verschwinden lassen. Die Bedeutung der mittelbaren Arbeitsverhältnisse ist damit wesentlich zurückgegangen. Lediglich bei Musikkapellen hat sich in den letzten Jahrzehnten keine grundlegende Änderung ergeben.

4. Ausgestaltung der Arbeitgeberstellung

Nachdem der Begriff des mittelbaren Arbeitsverhältnisses, so wie er heute Verwendung findet, aufgezeigt wurde und einzelne Beispiele mittelbarer Arbeitsverhältnisse dargestellt wurden, bleibt die Ausgestaltung der Arbeitgeberstellung zu untersuchen. Für die Ausgestaltung der Arbeitgeberstellung bestehen grundsätzlich zwei Möglichkeiten. Entscheidend sind im Einzelfall die zwischen den Beteiligten getroffenen Abreden.

---

[39] Vgl. als Beispiel den Fall des Südfunk-Tanzorchesters, BAG, AP Nr. 2 zu § 611 BGB Mittelbares Arbeitsverhältnis.

[40] So auch BAG, AP Nr. 19 zu § 611 BGB Abhängigkeit.

[41] So auch BAG, AP Nr. 19 zu § 611 BGB Abhängigkeit.

a) Beschränkung der Arbeitgeberstellung auf den Mittelsmann

Denkbar ist, daß sich beim mittelbaren Arbeitsverhältnis der Betriebsinhaber darauf beschränkt, über sein Weisungsrecht gegenüber dem Mittelsmann auf den Gehilfen einzuwirken. In diesem Fall ist es dem Betriebsinhaber nicht möglich, unmittelbar Weisungen durchzusetzen. Es stellt sich daher die Frage, ob auch in diesen Fällen eine Aufspaltung der Arbeitgeberstellung vorliegt.

Dafür scheint zu sprechen, daß die Entscheidungsbildung beim Betriebsinhaber stattfindet. Diese Situation entspricht aber der eines stillen Teilhabers, welcher einen Betrieb aus dem Hintergrund lenkt. Abgestellt werden kann in beiden Fällen aus Gründen der Rechtsklarheit nur auf das „Außenverhältnis". Unmittelbare Rechtsbeziehungen bestehen nur zwischen Gehilfen und Mittelsmann. Es ist weder dem Gehilfen, noch dem Betriebsrat, der evtl. auf der Ebene Mittelsmann - Gehilfe gebildet wurde, erkennbar, welche Entscheidungen auf direkte Weisung des Betriebsinhabers zurückgehen.

An dieser Ansicht vermag auch ein Blick auf die rechtliche Situation des Mittelsmanns nichts zu ändern. Es ist nicht so, daß durch diese Auffassung der Mittelsmann zwischen die Mühlsteine Betriebsrat- - Betriebsinhaber gerät. Der Mittelsmann hat den Weisungen des Betriebsinhabers nur nachzukommen, und ein Verstoß dagegen ist nur dann eine Arbeitsvertragsverletzung, wenn das Weisungsrecht inhaltlich keinen Verstoß gegen gesetzliche, auch betriebsverfassungsrechtliche Vorschriften darstellt[42].

Für die Auffassung, daß eine Aufspaltung der Arbeitgeberstellung nur dann anerkannt werden kann, wenn das Außenverhältnis zum Gehilfen berührt wird, spricht auch die neueste Rechtsprechung des Bundesarbeitsgerichts[43]. Die Entscheidung des Bundesarbeitsgerichts vom 26. 11. 1975 befaßt sich mit der Rechtsstellung der Musiker des SFB-Tanzorchesters. Diese stehen nicht zum Sender Freies Berlin, sondern zu einer Orchestergesellschaft in einem Arbeitsverhältnis. Die Orchestergesellschaft schließt ihrerseits mit dem Sender Freies Berlin Verträge ab. Nach Meinung des Bundesarbeitsgerichts kann „der starke wirtschaftliche und künstlerische Einfluß, den der Sender auf die überwiegend für ihn tätige Orchestergesellschaft ausübt, nicht bewirken, daß der Sender Arbeitgeber der Orchestermitglieder wird, die in einem Arbeitsverhältnis zu der Orchestergesellschaft stehen"[44]. Im Ergebnis heißt das, daß keine Aufspaltung der Arbeitgeberstellung vorliegt,

[42] *Molitor,* RdA 1959 S. 6.
[43] BAG, AP Nr. 19 zu § 611 BGB Abhängigkeit.
[44] Leitsatz obiger Entscheidung.

wenn weder zwischen mittelbarem Arbeitgeber und Gehilfen arbeitsvertragliche Rechtsbeziehungen bestehen, noch der mittelbare Arbeitgeber im Verhältnis zum Gehilfen direkt Arbeitgeberfunktionen ausübt.

b) Funktionsverteilung

Das mittelbare Arbeitsverhältnis ist aber so angelegt, daß es in der Regel zur Aufspaltung der Arbeitgeberstellung führt. Die Beschränkung der Arbeitgeberstellung auf den Mittelsmann ist die Ausnahme. Dies hat mehrere Gründe. Der Arbeitsvertragspartner des Gehilfen ist seinerseits Arbeitnehmer des mittelbaren Arbeitgebers. Darüber hinaus bedient sich der Mittelsmann der Arbeit des Gehilfen mit Wissen und Wollen des mittelbaren Arbeitgebers. Schließlich wird die Arbeit des Gehilfen unmittelbar für den mittelbaren Arbeitgeber geleistet und dient letztlich der Erfüllung der Arbeitsvertragspflicht des Mittelsmanns. Aus der bewußten Einschaltung des Gehilfen in die Arbeitsvertragspflichterfüllung des Mittelsmanns muß der Wille aller Beteiligten abgeleitet werden, daß der mittelbare Arbeitgeber auch gegenüber dem Gehilfen Arbeitgeberfunktionen wahrnehmen kann. Eine andere Ansicht wäre wirklichkeitsfremd, ist doch der Gehilfe im Betrieb des Betriebsinhabers längerfristig tätig. Ist schon der Mittelsmann weisungsgebunden, so wird entsprechend den Vorstellungen aller Beteiligten der Betriebsinhaber erst recht Weisungen arbeitsorganisatorischer Art an den Gehilfen erteilen können.

Die Einsicht, daß beim mittelbaren Arbeitsverhältnis in der Regel die Arbeitgeberstellung aufgespalten ist, hat sich weitgehend durchgesetzt[45]. Dies ist nicht zuletzt auf den Einfluß des Sozialversicherungs- und des öffentlichrechtlichen Arbeitsschutzrechts zurückzuführen[46]. Daß bei einem mittelbaren Arbeitsverhältnis eine echte Aufspaltung der Arbeitgeberstellung vorliegt, wird allerdings vom 4. Senat des Bundesarbeitsgerichts geleugnet[47]. Er meint, die Weisungen des Unternehmers bestünden nicht auf Grund einer *„unmittelbaren Weisungsbefugnis“*, „vielmehr leite sich die Weisungsbefugnis des sogenannten mittelbaren Arbeitgebers aus der Rechtsstellung des Mittelmannes gegenüber seiner Hilfskraft ab, der ihre Ausübung mit dem Einverständnis der

---

[45] *Hueck / Nipperdey*, Bd. I, § 78 V 3 c; *Nikisch*, Bd. I, § 24 III 3; *Staudinger / Nipperdey / Mohnen*, Anm. 276 vor § 611 BGB; AP Nr. 2 zu § 611 Mittelbares Arbeitsverhältnis; RAG ARS Bd. 11 S. 400; RAG ARS Bd. 20 S. 302; RAG ARS Bd. 29 S. 65.

[46] RVA in AN 00, 830; 01, 637; 09, 589; *H. Büssing*, Gruppenarbeitsvertrag S. 57; *Dersch*, Anm. 15 c zu § 1 AVG; *ders.*, Die arbeitsrechtliche Bedeutung der Rechtsprechung des Versicherungsamtes zum abhängigen Arbeitsverhältnis, DAR 1934 S. 193 ff.; *Molitor* und *H. Lehmann*, Gutachten zur Berufsfrage des deutschen Landarbeiters 1934.

[47] BAG, AP Nr. 3 zu § 611 Mittelbares Arbeitsverhältnis.

Hilfskraft an seinen Arbeitgeber überträgt". Weiter ist der 4. Senat der Ansicht, daß rechtlich „eine *persönliche Abhängigkeit* der Hilfsperson, d. h. *die im Arbeitsvertrag wurzelnde" Gehorsamspflicht* bei der Arbeitsleistung nur gegenüber der Mittelsperson besteht, eine Aufspaltung der Arbeitgeberfunktionen also *nur tatsächlich, nicht aber rechtlich* eintrete.

Dem ist entgegenzuhalten, daß nach Abtretung des Weisungsrechts eben doch eine unmittelbare Weisungsbefugnis des Unternehmers besteht. Weiter ergibt sich auch eine nicht nur faktische Abhängigkeit der Hilfsperson vom Unternehmer aus Art und Gesamtzweck der Arbeitsleistung. Die Hilfsperson dient unmittelbar der Erreichung des Betriebszwecks, sie ist über die persönlich abhängige Zwischenperson in den Betriebsablauf eingeschaltet und damit über die Brücke des anderen Arbeitsverhältnisses gleichfalls rechtlich abhängig. Im übrigen kann man sich bei der Argumentation des Bundesarbeitsgerichts nur schwer des Eindrucks erwehren, daß an das Vorliegen einer Arbeitgeberstellung gleich hohe Anforderungen wie an ein Arbeitsverhältnis geknüpft werden.

Wie die Arbeitgeberfunktionen im einzelnen aufgeteilt sind, kann hingegen nicht generell beantwortet werden. Dies ist im einzelnen vom Willen und der Ausgestaltung durch die Beteiligten abhängig. Jedenfalls kann der mittelbare Arbeitgeber ein mehr oder minder umfassendes Weisungsrecht in arbeitsorganisatorischen Fragen ausüben. Darüber hinaus aber kann sich die Arbeitgeberstellung auch auf andere Fragen, etwa auf die Lohnzahlungspflicht[48], erstrecken.

VII. Gesamthafenarbeitsverhältnis[49]

Die Frage nach sozialtypischen Dreiecksverhältnissen innerhalb des Anwendungsbereichs des Arbeitsrechts führt zur Untersuchung des Gesamthafenarbeitsverhältnisses.

1. Begriff

Die besondere Beschäftigungssituation in den See- und Binnenhäfen hat zur Bildung von sog. Gesamthafenbetrieben geführt[50]. Diese können

---

[48] *Nikisch*, Bd. I, § 24 IV 3.

[49] Vgl. dazu *Nikisch*, Bd. I S. 147 f.; *Wiebel*, Die Gesamthafenbetriebe, Diss. Würzburg 1953; *Wiebel*, RdA 1953 S. 291; *Plett*, RdA 1955 S. 50; *Gramm*, RdA 1958 S. 330; *Völtzer*, Rechtsfragen zum Gesetz über die Schaffung eines besonderen Arbeitgebers für Hafenarbeiter (Gesamthafenbetrieb) vom 3. August 1950, Diss. Hamburg 1957; *Assmann*, Rechtsfragen zum Gesamthafenbetrieb, Diss. Köln 1965; zur Rechtslage während der ausgehenden nationalsozialistischen Ära: *Vennemann*, Der Gesamthafenbetrieb, ein Beispiel für die Rechtsgestaltung einer überbetrieblichen Gemeinschaft, Berlin 1941.

auf Grund des Bundesgesetzes vom 3. 8. 1950 (BGBl. I S. 352) durch Vereinbarung zwischen Arbeitgeberverbänden oder einzelne Arbeitgebern und Gewerkschaften errichtet werden. Das angestrebte Ziel ist, durch Bildung eines besonderen Arbeitgebers kontinuierliche Arbeitsverhältnisse der Hafenarbeiter zu erreichen und eine zweckmäßige, gerechte Verteilung der Gesamthafenarbeiter auf die Arbeitsplätze vorzunehmen[51]. Der Gesamthafenbetrieb stellt die unständigen Arbeitnehmer ein und macht von ihrer Arbeitskraft in der Weise Gebrauch, daß er die Arbeiter auf die Hafeneinzelbetriebe je nach Bedarf verteilt. Insoweit hat die Tätigkeit des Gesamthafenbetriebs Ähnlichkeit mit der gewerblichen Arbeitnehmerüberlassung. Die Tätigkeit des Gesamthafenbetriebs unterscheidet sich jedoch von der gewerblichen Arbeitnehmerüberlassung nach dem Arbeitnehmerüberlassungsgesetz in einem entscheidenden Punkt: Der Gesamthafenbetrieb ist eine reine Arbeitnehmerschutzeinrichtung, deren Tätigkeit nicht auf Gewinnerzielung ausgerichtet ist. Der Gesamthafenbetrieb dient einzig dem Zweck, durch Herstellung fortdauernder Arbeitsverhältnisse dem sozialen Schutz der Arbeitnehmer zu dienen. Erst durch das ununterbrochene Arbeitsverhältnis zum Gesamthafenbetrieb kommen die Gesamthafenarbeiter trotz immerfort wechselnden Arbeitsplatzes in den Genuß von bezahltem Urlaub, von bezahlten Wochenfeiertagen, eines Kündigungsschutzes und anderer Vorteile.

2. Verteilung der Arbeitgeberfunktionen

Sowohl in der Rechtsprechung[52] als auch in der Literatur[53] wird anerkannt, daß die Schaffung von Gesamthafenbetrieben zu einer Aufspaltung der Arbeitgeberfunktionen geführt hat. Über die Einzelheiten besteht jedoch noch weitgehend Unklarheit. Dies ist wohl auch darauf zurückzuführen, daß weder bei der gesetzlichen noch bei der durch die Tarifvertragsparteien erfolgten Neuordnung der Gesamthafenbetriebe für rechtliche Klarheit gesorgt wurde. So ist vor allen Dingen problematisch, wer neben den Hafeneinzelbetrieben noch Arbeitgeberfunktionen wahrnimmt.

---

[50] Zur geschichtlichen Entwicklung überbetrieblicher Vereinigungen zur Regelung der Hafenarbeit vgl. *Assmann,* Diss. S. 1 ff.

[51] § 2 der Vereinbarung über die Schaffung eines besonderen Arbeitgebers für Hafenarbeiter vom 9. Februar 1951.

[52] Vgl. BAG AP Nr. 1 Bl. 2 R zu § 1 GesamthafenbetriebsG.

[53] *Nikisch,* Bd. I S. 148; *Wiebel,* RdA 1953 S. 294; *Bötticher,* Die gemeinsamen Einrichtungen der Tarifvertragsparteien, 1966, S. 13 f.; wohl auch *Richardi* in Dietz / Richardi, § 1 Anm. 86.

a) Mögliche Arbeitgeber

Die Arbeitgeberstellung ist eindeutig zwischen Gesamthafenbetrieb und Hafeneinzelbetrieb aufgeteilt, falls der Gesamthafenbetrieb nach außen gegenüber den Gesamthafenarbeitern tätig wird. Dies ist der Fall bei den Gesamthafenbetrieben in Bremen, Bremerhaven und Kiel.

Teilweise haben die Gesamthafenbetriebe aber mit der Durchführung der laufenden Geschäfte eine rechtsfähige Organgesellschaft in Form einer GmbH oder eines eingetragenen Vereins beauftragt. In Hamburg besteht eine Gesamthafenbetriebs-Gesellschaft m. b. H., in Lübeck eine Hafenbetriebsvereinigung e. V. Es stellt sich die Frage, ob nicht durch die Gründung dieser Organgesellschaften eine weitere Aufsplitterung der Arbeitgeberstellung, nunmehr im Verhältnis zwischen Organgesellschaft und Gesamthafenbetrieb, erfolgt ist.

Mit diesem Problem wurde schon einmal die Arbeitsgerichtsbarkeit befaßt, allerdings war damals die Frage streitig, ob nun der Gesamthafenbetrieb oder die Organgesellschaft der besondere Arbeitgeber nach § 1 Gesamthafenbetriebsgesetz sei. Das LAG Hamburg hat sich in seiner Entscheidung vom 30. 10. 1953[54] für ersteren entschieden, das BAG[55] als Revisionsinstanz konnte auf Grund der prozessualen Situation dieser Frage ausweichen.

Wesentlicher Beurteilungsgesichtspunkt für die Frage, wer neben dem Hafeneinzelbetrieb Arbeitgeberfunktionen wahrnimmt, ist das Außenverhältnis zum Gesamthafenarbeiter. Zwar nimmt grundsätzlich der Gesamthafenbetrieb gegenüber allen Gesamthafenarbeitern die Funktionen eines Arbeitgebers wahr, soweit diese nicht von den Hafeneinzelbetrieben auszuüben sind. Dies geht aus § 2 Nr. 3 der Vereinbarung zwischen dem Zentralverband der deutschen Seehafenbetriebe und der Gewerkschaft ÖTV vom 9. Februar 1951 hervor. Tatsächlich werden aber nach § 4 der Vereinbarung die „laufenden Verwaltungsarbeiten, die durch die in § 2 wahrzunehmenden Aufgaben entstehen" der Organgesellschaft übertragen. Die Organgesellschaft ist damit Ausführungsinstrument des Gesamthafenbetriebs, im Innenverhältnis dessen Weisungen unterworfen. De facto übt aber die Organgesellschaft im Verhältnis zum Gesamthafenbetrieb die Arbeitgeberfunktionen aus. Der Verwaltungsausschuß als einzig existente Einrichtung des Gesamthafenbetriebs tritt nur einige Male im Jahr zusammen und nimmt deshalb nur Aufsichtsfunktionen wahr.

Als Ergebnis bleibt also festzuhalten, daß beim Gesamthafenarbeitsverhältnis die Arbeitgeberstellung entweder zwischen dem Gesamtha-

---

[54] BB 1954 S. 161.

[55] AP Nr. 3 zu § 256 ZPO.

fenbetrieb und dem Hafeneinzelbetrieb oder zwischen der Organgesellschaft und dem Hafeneinzelbetrieb aufgespalten ist. In letzterem Falle nimmt ausschließlich die Organgesellschaft, nicht daneben auch noch der Gesamthafenbetrieb Arbeitgeberfunktionen wahr.

b) Einzelheiten der Verteilung

Über die Verteilung der Arbeitgeberpositionen zwischen Gesamthafenbetrieb oder Organgesellschaft auf der einen und den Hafeneinzelbetrieben auf der anderen Seite geben der Einheitseinstellungsvertrag und die Satzungen und Verwaltungsordnungen, welche zum Gesamthafenbetriebsgesetz ergangen sind, Aufschluß[56]. Im folgenden soll exemplarisch die Situation beim Gesamthafenbetrieb Hamburg dargestellt werden.

Wichtig sind die Regelungen in Ziffer 1, 3 und 6 des *Einheitseinstellungsvertrags*. Ziffer 1 bestimmt, daß der Gesamthafenarbeiter im Auftrag des Verwaltungsausschusses des Gesamthafenbetriebs als Hafenarbeiter eingestellt wird. Ziffer 3 des Einstellungsvertrags regelt, daß die Beschäftigung bei den Hafeneinzelbetrieben „nach der Verwaltungsordnung für den Gesamthafen Hamburg" erfolgt. Ziffer 6 schließlich lautet: „Der Gesamthafenbetrieb nimmt den Eingestellten gegenüber insoweit die Funktionen eines Arbeitgebers wahr, als diese nicht von den Hafeneinzelbetrieben auszuüben sind." Die Abgrenzung der Arbeitgeberfunktionen des Gesamthafenbetriebs gegenüber dem Hafeneinzelbetrieb erfolgt also negativ. Nur soweit die Arbeitgeberfunktionen nicht durch den Hafeneinzelbetrieb auszuüben sind, nimmt sie der Gesamthafenbetrieb wahr.

Welche Arbeitgeberfunktionen durch den Hafeneinzelbetrieb auszuüben sind, ergibt sich aus der *Verwaltungsordnung* für den Gesamthafenbetrieb Hamburg. Sie bringt Einzelregelungen für die Verteilung der Arbeitgeberstellung. Aus § 9 Abs. 3 der Verwaltungsordnung ist der Schluß zu ziehen, daß der Arbeitgeber des Hafeneinzelbetriebs den Gesamthafenarbeiter *fristlos entlassen* kann. § 9 Abs. 3 S. 1 lautet: „Wird der Gesamthafenarbeiter, der einem Hafeneinzelbetrieb zugeteilt ist, von diesem während einer Schicht fristlos entlassen, so werden Einstellungsvertrag und Arbeitskarte ungültig." Da die Verwaltungsordnung sonst keine Regelung über ein Kündigungsrecht des Hafeneinzelbetriebs enthält, ergibt der Gegenschluß aus § 9 Abs. 3 der Verwaltungsordnung, daß der Hafeneinzelbetrieb *kein Recht zur ordentlichen Kündigung* hat. — Der *Lohnanspruch* richtet sich nach § 13 I S. 1 der Verwaltungsordnung ausschließlich gegen den Hafeneinzelbetrieb. Die

---

[56] Vgl. z. B. die Satzung für den Gesamthafenbetrieb Hamburg vom 30. 4. 1969 und die Verwaltungsordnung für den Gesamthafenbetrieb Hamburg vom 6. 12. 1960.

Auszahlung des Lohnes erfolgt aber durch die Gesamthafenbetriebsgesellschaft, welche auch die Einzelheiten des *Lohnzahlungsverfahrens* regelt, § 13 I S. 2. Die *Verteilung der Gesamthafenarbeiter* auf die Hafeneinzelbetriebe erfolgt nach § 23 der Verwaltungsordnung durch die Gesamthafenbetriebsgesellschaft.

Zusammenfassend kann also festgestellt werden, daß die Verteilung der Arbeitgeberfunktionen zwischen Gesamthafenbetrieb oder Organgesellschaft auf der einen und den Hafeneinzelbetrieben auf der anderen Seite durch Einstellungsverträge, Satzungen und Verwaltungsordnungen eine genaue Regelung erfährt.

VIII. Leiharbeitsverhältnis[57]

1. Begriff

Die intensivste Auseinandersetzung mit den Problemen, welche Dreiecksbeziehungen im Arbeitsrecht aufwerfen, hat bisher bei Leiharbeits-

[57] Vgl. allgemein zur *älteren Literatur: Hueck / Nipperdey*, Bd. I, S. 521 mit weiteren Nachweisen; ferner *v. Hindte*, Probleme der Leiharbeit, Diss. Kiel 1960; *P. Theuersbacher*, Das Leiharbeitsverhältnis, Diss. München 1960; *P. Kühne*, Das Vermittlungsmonopol der Bundesanstalt für Arbeit und die Begründung von Leiharbeitsverhältnissen, Diss. Köln 1971; *neuere Literatur zum AÜG: Becker*, Die Rechtsentwicklung der Zeitarbeit in der Bundesrepublik Deutschland, BlStSozArbR 1972 S. 113 ff.; *ders.*, Die betriebsverfassungsrechtliche Stellung der Leiharbeitnehmer, BlSozArbR 1972 S. 129 ff.; *ders.*, Das Arbeitnehmerüberlassungsgesetz (AÜG), BlStSozArbR 1972 S. 289 ff.; 231 ff.; *ders.*, Entwicklungstendenzen im Bereich der gewerbsmäßigen Arbeitnehmerüberlassung, BlStSozArbR 1974 S. 305 ff.; *Engelbrecht*, Einzelprobleme bei der Anwendung des Arbeitnehmerüberlassungsgesetzes, BB 1973 S. 481 ff.; *Göbel*, Arbeitnehmerüberlassung, Werkverträge und verschobene Arbeitgeberrisiken, BlStSozArbR 1973 S. 309 ff., 324 ff.; *Hempel*, Sozialer Schutz der Arbeitnehmer und wirtschaftliche Interessen, NJW 1972 S. 2114; *Heußner*, Sozialversicherungsrechtliche Aspekte der Arbeitnehmerüberlassung (sog. Leiharbeit), DB 1973 S. 1800 ff.; *Immenga*, Rechtsfolgen unzulässiger Leiharbeitsverhältnisse, BB 1972 S. 805 ff.; *Leve*, Das Vermieten von Menschen. Zur Situation auf dem Gebiete der gewerbsmäßigen Arbeitnehmerüberlassung in der BRD, SozArb 1972 S. 383 ff.; *Marburger*, Die Neuregelung der gewerbsmäßigen Arbeitnehmerüberlassung, DB 1972 S. 2160 ff.; *Marschall*, Neuregelung der Leiharbeit notwendig?, DB 1975 S. 303 ff.; *Maurer*, Betriebsverfassungsrechtliche Zugehörigkeit des Leiharbeitnehmers nach dem Arbeitnehmerüberlassungsgesetz, BB 1974 S. 512 ff.; *Mayer*, Der Schutz von Leiharbeitnehmern und das AÜG, AuR 1974 S. 353 ff.; *Moritz*, Inkrafttreten des Arbeitnehmerüberlassungsgesetzes, BB 1972 S. 1569 ff.; *Noack*, Die Erlaubnispflicht nach dem Arbeitnehmerüberlassungsgesetz, NJW 1972 S. 2114 ff.; *ders.*, Die Straf- und Ordnungswidrigkeitenbestimmungen des Arbeitnehmerüberlassungsgesetzes, BB 1973 S. 1313 ff.; *Ramm*, Eine Kritik des Arbeitnehmerüberlassungsgesetzes, DB 1973 S. 1170 ff.; *Sandmann*, Regelung der Leiharbeit, BABl 1972 S. 499 ff.; *ders.*, Besserer Schutz für Leiharbeitnehmer, BABl 1973 S. 220 ff.; *ders.*, Zur Situation der Arbeitnehmerüberlassung, BABl 1974 S. 549 ff.; *Schnapp*, Arbeitnehmerüberlassungsgesetz, BlStSozArbR 1973 S. 247 ff.; *Schnorr*, Die gewerbsmäßige Arbeitnehmerüberlassung, RdA 1972 S. 193 ff.; *Viehlhaber*, Die Gewerbsmäßigkeit der Arbeitnehmerüberlassung, BB 1973 S. 384 ff.

verhältnissen stattgefunden. Ein Leiharbeitsverhältnis liegt vor, wenn ein selbständiger Unternehmer (Verleiher) einen Arbeitnehmer einstellt und zur Arbeitsleistung einem Dritten (Entleiher) überläßt[58]. Obwohl die wissenschaftliche Terminologie ansonsten nicht der Umgangssprache folgt, ist der Begriff des Leiharbeitsverhältnisses von der Rechtswissenschaft rezipiert worden, obgleich der Begriff „Leiharbeitsverhältnis" objektiv unrichtig ist, denn bei der entgeltlichen Arbeitnehmerüberlassung handelt es sich nicht um eine Leihe. Selbst der Gesetzgeber hat im Gesetz zur Regelung der gewerbsmäßigen Arbeitnehmerüberlassung (Arbeitnehmerüberlassungsgesetz — AÜG) vom 7. 8. 1972 die eingebürgerte Terminologie übernommen[59]. Auch wenn Ramm[60], für den vorliegenden Fall völlig unberechtigt, zu bedenken gibt, daß falsche begriffliche Bezeichnungen häufig sachliche Vorentscheidungen enthalten und damit sowohl die Feststellung der erheblichen Tatbestände als auch die Verständigung über die Lösung erschweren, so soll doch aus Gründen der Verständlichkeit der völlig überwiegenden[61] Terminologie gefolgt werden.

Der Begriff des Leiharbeitsverhältnisses wurde von der Arbeitsrechtswissenschaft weiter untergliedert in „echte" und „unechte" Leiharbeitsverhältnisse. Diese Unterscheidung diente dazu, um die durch § 37 AVAVG geprägte vermittlungsrechtliche Problemstellung in den Griff zu bekommen[62]. Das unechte Leiharbeitsverhältnis, welches laut Definition bei Einstellung eines Leiharbeiters zur ständigen Arbeitsverrichtung bei fremden Arbeitgebern vorliegt[63], wurde als unzulässige Arbeitsvermittlung qualifiziert[64]. Die bisherige vermittlungsrechtliche Bedeutung der Unterscheidung zwischen echtem und unechtem Leiharbeitsverhältnis[65] wurde durch die Entscheidung des Bundesverfassungsgerichts[66], welche § 37 Abs. 3 AVAVG für nichtig erklärte, er-

---

58 *Heinze*, ZfA 1976 S. 183; *Schaub* § 120 I 1.

59 Zur Entstehungsgeschichte des Gesetzes: Der Referentenentwurf des AÜG hieß „Entwurf eines Gesetzes zum Schutze der Leiharbeitnehmer". Später erfolgte eine Änderung nur in der Überschrift, nicht in der Terminologie. Vgl. auch *Becker*, BlStSozArbR 1972 S. 113.

60 *Ramm*, ZfA 1973 S. 266; *ders.*, kritisch zur Terminologie auch in DB 1973 S. 1170.

61 *Hueck / Nipperdey*, Bd. I, S. 521; *Nikisch*, Bd. I, S. 144; *Trieschmann*, DB 1956, Beilage Nr. 16; *Friedrich*, BlStSozArbR 1964 S. 220; *Monjau*, AuR 1964 S. 257; *R. Müller*, ZAS 1968 S. 77; *Geppert*, DRdA 1969 S. 126; *Mayer-Maly*, ZfA 1972 S. 1.

62 Vgl. *Mayer-Maly*, ZfA 1972 S. 17.

63 *Nikisch*, Bd. I S. 244.

64 Vgl. etwa das Urteil des LG Köln, AP Nr. 5 zu § 37 AVAVG; AG Mannheim, BB 1959 S. 563; *Vogel*, BB 1959 S. 1105.

65 Vgl. *Monjau*, ArbuR 1968 S. 257 (261); *Mayer-Maly*, ZfA 1972 S. 18.

66 BVerfGE 21, 261.

schüttert. Eine weitere Lösung von den überkommenen Begriffen erfolgte durch die Rechtsprechung des Bundessozialgerichts[67], welche zur Aufstellung einer Schwerpunkttheorie führte. Welche Begriffsverwirrung inzwischen stattgefunden hat, könnte nicht deutlicher demonstriert werden als dadurch, daß Schaub[68], Heinze[69] und Fitting / Auffarth / Kaiser[70] die Ansicht vertreten, das Gesetz zur Regelung der gewerbsmäßigen Arbeitnehmerüberlassung (Arbeitnehmerüberlassungsgesetz AÜG) vom 7. 8. 1972 regle nur die sog. unechten Leiharbeitsverhältnisse, während Richardi[71] scheinbar bei einem unechten Leiharbeitsverhältnis regelmäßig den Tatbestand einer unerlaubten Arbeitsvermittlung noch § 13 Abs. 1 AFG für erfüllt hält. Aus diesem Grunde sollen für die weitere Untersuchung die Begriffe „echtes" und „unechtes" Leiharbeitsverhältnis keine Verwendung finden.

Auch wäre es methodisch verfehlt, bereits vor der Problembehandlung bestimmte Erscheinungsformen der Leiharbeit aus der Untersuchung zu eliminieren[72]. Um einer verengenden Denkweise zu entgehen, muß vielmehr der entgegengesetzte Weg eingeschlagen werden. Leiharbeitsverhältnisse kommen in vielen Varianten und Nuancen vor. Die Übergänge sind fließend. Je nach Dauer der Arbeitsleistung beim Entleiher und des Umfangs der Arbeitgeberstellung des Entleihers stellt sich die Situation des Leiharbeitnehmers anders dar.

Unter einen weit verstandenen Begriff des Leiharbeitsverhältnisses fällt die Entsendung von Bedienungspersonal für vermietete und verliehene Maschinen sowie die Entsendung von Montagepersonal. Das Leiharbeitsverhältnis umfaßt ferner die vorübergehende nicht gewerbsmäßige Überlassung von Arbeitnehmern[73] und die durch das Ar-

---

[67] BSG, Urt. v. 29. Juli 1970, AP Nr. 9 zu § 37 AVAVG = BB 1970, 1398 f. = DB 1970, 2129; die Unterscheidung zwischen echtem und deshalb zulässigem und unechtem und deshalb unzulässigem Leiharbeitsverhältnis hat aber das Bayerische Oberste Landesgericht, BB 1971, 174 f. beibehalten.

[68] Ebd. § 120 I 1.

[69] ZfA 1976 S. 183.

[70] Ebd. § 5 Anm. 7 a.

[71] In *Dietz / Richardi*, § 5 Anm. 22.

[72] So aber *Robert Müller* (ZAS 1968 S. 77 ff.), der für das österreichische Recht die Entsendung eines Bedienungsmanns für vermietete und verliehene Maschinen nicht als Leiharbeitsverhältnis gelten läßt; ferner *Harald Bogs* (BB 1971 S. 277), der die Mitentsendung von Bedienungspersonal als eigenständigen Typus definiert; *Geppert* (DRdA 1968 S. 126 ff.), der apodiktisch behauptet, Montagearbeiter seien weiterhin beim Entleiher eingegliedert und dessen Weisungsrecht unterstellt; sowie *Mumot* (Diss. S. 47), der Unternehmerarbeit aus dem Problembereich des Leiharbeitsverhältnisses ausklammern zu können glaubt.

[73] Zur Häufigkeit vgl. die Mitteilung der Frankfurter Allgemeinen Zeitung vom 28. 7. 1975, nach der allein bei der BASF etwa 5000 als Leiharbeitnehmer zu beurteilende „Fremdfirmenleute" tätig sind.

beitnehmerüberlassungsgesetz geregelte gewerbsmäßige Arbeitnehmerüberlassung. Ausgeklammert werden sollen vorerst die Gestellungsverträge. Sie werden teilweise gleichfalls dem Problembereich des Leiharbeitsverhältnisses zugeordnet. Wegen des Bezugs zum Kirchenrecht, der mitgliedschaftlichen Problematik und der § 5 II Nr. 3 BetrVG betreffenden Besonderheiten sollen sie aber eine gesonderte Behandlung erfahren.

2. Bedeutung des Leiharbeitsverhältnisses

Die Bedeutung der Leiharbeitsverhältnisse kann nur an Hand der Zeitarbeit[74] dargestellt werden, da in den anderen Bereichen die statistischen Untersuchungen fehlen.

Der höchste Beschäftigungsstand war am 30. Juni 1973, zu diesem Zeitpunkt beschäftigten 983 zugelassene Verleiher insgesamt 34 379 Leiharbeitnehmer[75]. In der Folgezeit sank die Beschäftigtenzahl ständig und erreichte am 31. Dezember 1973 den Stand von 19 417. Danach stabilisierte sich die Situation. Am 30. Juni 1974 beschäftigten 689 Verleiher 19 380 Leiharbeitnehmer[76]. Aus dieser Entwicklung wird aus arbeitsmarktpolitischer Sicht der Stellenwert der Zeitarbeit besonders deutlich. Der in einer Phase der Voll- oder Überbeschäftigung wünschenswerte Mobilisierungseffekt von Arbeitnehmern wird in Zeiten konjunkturellen Abschwungs ebenso rasch abgebaut. Damit leistet die Zeitarbeit einen Beitrag zur Flexibilität der Wirtschaft.

3. Verteilung der Arbeitgeberstellung

Ebenso vielschichtig wie die Erscheinungsformen der Leiharbeit ist auch die Ausgestaltung der Arbeitgeberstellung. Gemeinsam ist aber allen Fällen der Leiharbeit die Verteilung der Arbeitgeberstellung auf mehrere Personen. Dies wird in Rechtsprechung[77] und Literatur[78] zunehmend anerkannt und soll im folgenden an Hand typischer Beispiele der Leiharbeit nachgewiesen werden.

---

[74] Zu den soziologischen, sozial- und arbeitsmarktpolitischen, volks- und betriebswirtschaftlichen Aspekten der gewerbsmäßigen Arbeitnehmerüberlassung sowie zu einem rechtsvergleichenden Überblick vgl. *Becker*, BlStSozArbR 1972 S. 113 f.

[75] Vgl. Bericht der Bundesregierung über Erfahrungen bei der Anwendung des Arbeitnehmerüberlassungsgesetzes — AÜG, BT-Drucksache 7/2365 S. 19.

[76] Vgl. den zweiten Bericht der Bundesregierung über die Erfahrungen bei der Anwendung des Arbeitnehmerüberlassungsgesetzes — AÜG, BT-Drucksache 7/5631 S. 4.

[77] BAG AP Nr. 2 zu § 99 BetrVG 1972.

[78] *Fitting / Auffarth / Kaiser*, § 5 Anm. 7 a; *Maurer*, BB 1974 S. 513; *Mumot*, Diss. S. 95 ff., der vom gespaltenen Arbeitsverhältnis spricht; umfassender *Ramm*, ZfA 1973 S. 263 ff.

a) Montagearbeiter

Leiharbeitnehmer kann z. B. ein Montagearbeiter sein, der aus einem fremden Betrieb kommt und dauerhaft in das betriebliche Geschehen des Entleiherbetriebs integriert wird. Dies kann beim Einbau einer komplizierten Maschine oder einer Datenverarbeitungsanlage notwendig sein, insbesondere dann, wenn ein Zusammenwirken mit den im Betrieb Beschäftigten erforderlich ist. Im Falle einer nachhaltigen und dauerhaften Integration eines Montagearbeiters in den Entleiherbetrieb besteht nicht nur ein kooperatives Miteinander zwischen betrieblichen Arbeitnehmern und Montagearbeitern, sondern letzterer ist auch der hierarchisch strukturierten Leitungs- und Organisationsgewalt des Betriebsinhabers unterworfen. Der Betriebsinhaber hat in diesen Fällen ein Mitdirektionsrecht hinsichtlich der Lage der Arbeitszeit und des Verhaltens im Betrieb. Er kann ferner Weisungen zur Verhütung von Arbeitsunfällen, etwa die Weisung zum Tragen von Schutzhelmen, geben.

Zu unterscheiden ist der Leiharbeitnehmer in der Form des Montagearbeiters vom bloßen Erfüllungsgehilfen, der nur kurzfristig in einem fremden Betrieb arbeitet und demgegenüber der fremde Betriebsinhaber keinerlei Arbeitgeberstellung, also etwa kein Direktionsrecht, hat. Ein Monteur z. B., der auf Weisung seines Arbeitgebers nur kurzfristig Reparaturarbeiten in einem fremden Betrieb ausführt, sieht sich keiner aufgespaltenen Arbeitgeberstellung ausgesetzt.

b) Mitentsandtes Bedienungspersonal

Es kommt häufig, besonders bei Leasingverträgen, vor, daß mit komplizierten Maschinen auch das Bedienungspersonal in einen fremden Betrieb entsandt wird. Dies führt zu oft langfristiger Integration des Bedienungspersonals in den fremden Betrieb, ohne daß der Entsender seine Stellung aus dem Arbeitsverhältnis, insbesondere seine Arbeitgeberstellung, völlig aufgibt. Das unmittelbare Mitwirken des Bedienungspersonals am Produktionsprozeß führt im Vergleich zum Montagearbeiter zu einer noch stärkeren Arbeitgeberstellung des Entleihers. Notwendigerweise ergibt sich eine Arbeitgeberstellung des Betriebsinhabers hinsichtlich des Verhaltens des Bedienungspersonals im Betrieb, des Beginns und Endes der täglichen Arbeitszeit einschließlich der Pausen — sofern eine Koppelung an die Arbeitszeit anderer Arbeitnehmer nötig ist — ferner hinsichtlich der Verteilung der Arbeitszeit auf die Wochentage sowie hinsichtlich einer vorübergehenden Verkürzung oder Verlängerung der betriebsüblichen Arbeitszeit und schließlich hinsichtlich der Regelungen zur Verhütung von Arbeitsunfällen. Die Arbeitgeberstellung ist also zwischen Verleiher und Entleiher aufgeteilt.

c) Gewerblich überlassene Arbeitnehmer

Die gewerbliche Arbeitnehmerüberlassung, wie sie im Arbeitnehmerüberlassungsgesetz geregelt ist, hat Folgen auch für die Arbeitgeberstellung. Die faktische Integration des Leiharbeitnehmers in den Entleiherbetrieb ist ein Indiz dafür, daß nach übereinstimmendem Willen der Beteiligten auch der Entleiher die notwendigen Arbeitgeberfunktionen soll ausüben dürfen[79]. Wie die Arbeitgeberfunktionen im einzelnen verteilt sind, ist von der privatautonomen Rechtsgestaltung der an der Arbeitnehmerüberlassung beteiligten Personen abhängig. Einen Hinweis auf die Ausgestaltung des Arbeitsverhältnisses im Wirtschaftsleben gibt der zwischen dem Unternehmensverband für Zeit-Arbeit e. V. und der Deutschen Angestelltengewerkschaft abgeschlossene Manteltarifvertrag[80] vom 1. 4. 1976. Nach § 2 Nr. 1 dieses Tarifvertrags unterliegt der Leiharbeitnehmer, soweit er Arbeiten im Betrieb eines Entleihers ausführt, den Einzelarbeitsanweisungen des Entleihers.

d) Sonstige nicht gewerbsmäßig überlassene Arbeitnehmer

Bei den sonstigen nicht gewerbsmäßig überlassenen Arbeitnehmern, also denjenigen Arbeitnehmern, die Schaub[81] und Heinze[82] als echte Leiharbeitnehmer bezeichnen, ist die Verteilung der Arbeitgeberpositionen nicht generell abgrenzbar. Möglich ist eine breite Skala von Gestaltungsmöglichkeiten. In jedem Fall werden aber auch gegenüber diesen Leiharbeitnehmern Arbeitgeberfunktionen teilweise vom Verleiher und teilweise vom Entleiher ausgeübt[83]. Dies ist ein aus der Situation der Arbeitsleistung bei einem fremden Arbeitgeber entspringendes Charakteristikum des Leiharbeitsverhältnisses. Ein zumindest partielles Weisungsrecht übt jeder Entleiher aus.

IX. Gestellungsverträge[84]

1. Begriff

Schließlich tauchen Dreiecksverhältnisse im Arbeitsrecht auch bei Abschluß von Gestellungsverträgen auf. Gestellungsverträge kommen

---

[79] So im Ergebnis auch BAG AP Nr. 2 zu § 99 BetrVG 1972.

[80] Abgedruckt in der Tarifsammlung des Bayerischen Staatsministeriums für Arbeit und Sozialordnung, TR 31-220 ab 10.

[81] Ebd. § 120 I 1.

[82] *Heinze*, ZfA 1976 S. 183.

[83] *Heinze*, ZfA 1976 S. 183 ff. (184).

[84] Vgl. allgemein: *Boerckel*, AuR 1967, 295; *Hartmut Brosius*, Die Rechtsstellung der Rotkreuz-Schwestern aus arbeitsrechtlicher Sicht, Diss. Köln 1968; *Girgensohn*, Die arbeitsrechtliche Stellung der Krankenschwester, Diss.

sowohl im Bereich der Lehr- als auch der Pflegetätigkeit vor. Während die Gestellungsverträge auf ersterem Gebiet keine große Rolle spielen[85] und die Tätigkeit außerdem in der Regel an dem Anwendungsbereich des Betriebsverfassungsrechts von vornherein entzogenen öffentlichen Schulen erfolgt, sind die sog. Schwesterngestellungsverträge weit verbreitet. Eine ganze Reihe von Organisationen hat es sich zum Ziel gesetzt, Pflegepersonal für Altersheime, Krankenhäuser und sonstige Einrichtungen mit Bedarf an Pflegepersonal zur Verfügung zu stellen. Soweit die Einrichtungen nicht durch die Organisationen selbst betrieben werden, findet der Einsatz des Pflegepersonals überaus häufig im Rahmen von Gestellungsverträgen statt. Hierbei muß zwischen Rahmenverträgen[86] und Verträgen über Gesamtbetreuung, sog. Mutterhausverträgen[87] unterschieden werden.

Ein Rahmenvertrag zwischen einer Organisation und einem Krankenhaus oder Altersheim ist ein echter Vertrag zugunsten Dritter, § 328 BGB. Die gestellte Person tritt zu dem Träger des Krankenhauses oder Altersheims in ein Arbeitsverhältnis[88]. Eine Aufspaltung der Arbeitgeberstellung erfolgt insoweit nicht, da volle arbeitsvertragliche Beziehungen zwischen der gestellten Person und dem Träger der Sozialeinrichtung bestehen.

Eigentliche Gestellungs- oder Mutterhausverträge liegen hingegen vor, wenn sich bestimmte Organisationen verpflichten, dem Krankenhausträger die für die Krankenpflege erforderlichen Schwestern zur Verfügung zu stellen.

Köln 1962; *G. Hueck,* RdA 1969, S. 216; *Klein,* Das Recht des sozialkaritativen Arbeitsbereiches (1959); *v. Maltzahn,* RdA 1955, 458; *v. Maydell,* AuR 1967, 202, 296; *Mayer-Maly,* Erwerbsabsicht und Arbeitnehmerbegriff (1965); *ders.,* Dienstvertrag und Arbeitsvertrag ZAS 1966, 2; *Molitor* bei *Kuhns,* Das gesamte Recht der Heilberufe (1958), Art. Schwesterngestellungsvertrag; *G. Müller,* Das Recht des Ordensvertrags (1956); *Nikisch,* Festschrift für A. Hueck 1959, 1; *v. Rehren,* Die arbeitsrechtliche Stellung von Krankenschwestern, Diss. Hamburg 1960; *Richardi,* SAE 1970, 261; *ders.,* ZevKR 16, 232; *ders.,* ZevKR 19, 275; *Savaete,* AuR 1959, 5; *Teich Ulrich,* Die Rechtsstellung der Krankenschwestern und Krankenpflegehelferinnen in ihren Verbänden und in der Krankenanstalt, Diss. Würzburg 1972.

[85] Ergebnis einer Umfrage.

[86] *Molitor* bei Kuhns, Das gesamte Recht der Heilberufe (1958), Art. Schwesterngestellungsvertrag I S. 792; *ders.,* Rahmenverträge über die Beschäftigung von Krankenschwestern, Festschrift für A. Hueck, S. 93 ff.; *ders.,* AR-Blattei, „Arbeitsbeschaffungsvertrag" I B; *Trischmann* RdA 1955 S. 52 ff. u. S. 458 ff.; *v. Maltzahn* RdA 1955 S. 454 ff.; *Teich* S. 214 ff.

[87] *Molitor,* Schwesterngestellungsvertrag S. 791; *Teich* S. 214 ff.

[88] Bei Rahmenverträgen ausschließlich der Fall vgl. *v. Rehren* S. 114; *Teich* S. 215.

2. Vertragsparteien

Bevor im einzelnen auf die Ausgestaltung der Arbeitgeberstellung eingegangen werden kann, bedürfen die Vertragsparteien der Gestellungsverträge einer näheren Betrachtung, — dies einmal deshalb, weil damit gleichzeitig Rückschlüsse auf die Verbreitung von Gestellungsverträgen möglich sind, insbesondere aber auch deshalb, weil bestimmte Organisationen kirchenrechtliche und mitgliedschaftliche Besonderheiten aufweisen.

a) Orden und Säkularinstitute der römisch-katholischen Kirche

Zwischen Orden und Säkularinstituten der röm.-kath. Kirche auf der einen sowie Trägern von Schulen, Krankenhäusern, Altersheimen und sonstigen caritativen Einrichtungen auf der anderen Seite werden Gestellungsverträge abgeschlossen. Als Beispiele für Orden, welche Gestellungsverträge abschließen, seien die religiöse Genossenschaft der armen Franziskanerinnen und die Kongregation der Barmherzigen Schwestern des hl. Vinzenz von Paul genannt. Leider scheiterte eine zahlenmäßige Erfassung der gestellten Mitglieder von Orden und Säkularinstituten an der mangelnden Bereitschaft kirchlicher Stellen zur Weitergabe von Zahlenmaterial.

b) Caritas und Diakonisches Werk

Nach Mitteilung der Freiburger Zentrale der Caritas schließt die „Caritas-Schwesternschaft", der heute etwa 3500 Mitglieder angehören, keine Gestellungsverträge mehr ab. Daher bleibt lediglich zu untersuchen, ob die dem Diakonischen Werk angeschlossenen Schwesternverbände noch Gestellungsverträge abschließen.

Dem „Diakonischen Werk der evangelischen Kirche in Deutschland — Innere Mission und Hilfswerk" als Dachverband gehören im wesentlichen folgende Schwesternverbände an:

Die Diakonissenmutterhäuser:

— Kaiserwerther Verband Deutscher Diakonissenmutterhäuser e. V., Bonn-Bad Godesberg
— Deutscher Gemeinschaftsdiakonieverband GmbH, Marburg
— Verband der Ev. Freikirchlichen Diakonissenmutterhäuser in Deutschland, der Schweiz und in Frankreich, Hamburg

Die Schwesternheime:

— Zehlendorfer Verband für Ev. Diakonie, Berlin

Die Fach- und Berufsverbände:

— Vereinigung Freiberuflicher Evangelischer Schwesternverbände e. V., Frankfurt

Die genannten Verbände schließen mit Ausnahme der Vereinigung Freiberuflicher Evangelischer Schwesternverbände e. V. noch Gestellungsverträge ab.

c) Schwesternschaften vom Deutschen Roten Kreuz

Die heutigen Schwesternschaften vom Roten Kreuz[89] sind überwiegend als rechtsfähige Vereine, teilweise aber auch als rechtsfähige Stiftungen des Privatrechts organisiert. Sie gehören alle dem Verband der Schwesternschaften vom Roten Kreuz e. V. als Dachverband an, der seinerseits ein Mitgliedsverband des Deutschen Roten Kreuzes e. V. ist. Die Schwesternschaften vom Deutschen Roten Kreuz schließen Gestellungsverträge ab.

d) Überkonfessionelle Fach- und Berufsverbände

Von den überkonfessionellen Fach- und Berufsverbänden schließen nur mehr einige Landesverbände des Agnes-Karll-Verbandes, nicht mehr aber der Bund Freier Krankenschwestern und Krankenpfleger, der Berufsverband der Pflegehelferinnen und Pflegehelfer e. V. sowie die Schwesternschaft der Arbeiterwohlfahrt und des Reichsbunds Freier Schwestern Gestellungsverträge ab[90].

3. Verteilung der Arbeitgeberstellung

Nach der Klärung der Frage, welche Parteien Schwesterngestellungsverträge abschließen, gilt es, als nächstes die Verteilung der Arbeitgeberstellung zu untersuchen. Die Frage nach der Aufspaltung der Arbeitgeberstellung stellt sich bei Gestellungsverträgen teilweise anders als bei den bisher untersuchten Dreiecksverhältnissen. Der Grund hierfür ist die nicht immer arbeitsvertragliche, sondern sehr häufig mitgliedschaftliche Bindung der gestellten Personen zum Mutterhaus.

a) Arbeitsverhältnis zum Mutterhaus

Steht die gestellte Person in einem Arbeitsverhältnis zum Mutterhaus, was bei den Agnes-Karll-Schwestern sowie den freien Schwestern der Fall ist, so gleicht die Situation der eines Leiharbeitnehmers. Mangels Gewinnerzielungsabsicht des Mutterhauses handelt es sich bei Gestellungsverträgen aber nicht um eine gewerbliche, dem Arbeitnehmerüberlassungsgesetz unterfallende Arbeitnehmerüberlassung. Die Arbeitgeberstellung ist zwischen dem Mutterhaus und dem Träger der

---

[89] Vgl. hierzu auch *Knuth*, Die arbeitsrechtliche Stellung der Rotkreuzschwester, Diss. Köln 1968, S. 5 ff.; *Teich* S. 36 ff.

[90] Laut Umfrage von *Teich*, Diss. S. 147; a. A. noch *Trieschmann*, RdA 1955 S. 52 ff.

Sozialeinrichtung aufgespalten. Da der gestellte Arbeitnehmer dauerhaft in den Betrieb des Entleihers integriert wird, übt der Entleiher zumindest ein Direktionsrecht aus. So wird in allen Schwesterngestellungsverträgen ein Weisungsrecht der Krankenhausärzte ausdrücklich festgestellt[91]. Der Arzt eines Krankenhauses nimmt aber insoweit nicht eigene, sondern die vertraglichen Rechte des Krankenhausträgers wahr. Daneben besteht häufig ein Recht des Krankenhausträgers, in wirtschaftlichen Fragen Anordnungen treffen zu können. Natürlich können durch privatautonome Rechtsgestaltung dem Entleiher auch über ein partielles Direktionsrecht hinausgehende Arbeitgeberpositionen eingeräumt werden.

b) *Mitgliedschaftsverhältnis zum Mutterhaus*

Eine besondere Situation im Hinblick auf die Arbeitgeberstellung ergibt sich bei einer mitgliedschaftlichen Bindung zum Mutterhaus. Die Angehörigen von Orden und Säkularinstituten der röm.-kath. Kirche, des Diakonischen Werks und des Deutschen Roten Kreuzes stehen in einem Mitgliedschaftsverhältnis zu ihren Organisationen. Bei Orden, Säkularinstituten und Diakonischem Werk ist dies unbestritten[92], bei den Angehörigen der Schwesternschaften des Deutschen Roten Kreuzes ergibt sich dies aus den Satzungen[93]. Der § 3 der Mustersatzung für die Schwesternschaften vom Deutschen Roten Kreuz, beschlossen in der außerordentlichen Mitgliederversammlung des Verbandes der Schwesternschaften vom Deutschen Roten Kreuz e. V. am 6. 5. 1969 in Bad Godesberg, regelt die Mitgliedschaft. Der § 4 der Mustersatzung regelt die Aufnahme und den Widerruf der Aufnahme, § 6 die Beendigung der Mitgliedschaft.

aa) Nebeneinander von Arbeitsverhältnis und mitgliedschaftlicher Bindung grundsätzlich möglich

Für die Frage nach der Ausgestaltung der Arbeitgeberstellung ist zunächst bedeutsam, ob ein Nebeneinander von Arbeitsverhältnis und mitgliedschaftlicher Bindung möglich ist. Durch das Bestehen eines Arbeitsverhältnisses neben dem Mitgliederschaftsverhältnis würde eine Arbeitgeberstellung begründet. Durch den Gestellungsvertrag könnte dann diese bestehende Arbeitgeberstellung aufgesplittert werden. Die Frage nach der Konkurrenz arbeitsrechtlicher mit sonstigen Bindungen ist kein ausschließlich bei Vereinen, sondern auch bei Gesellschaften[94]

[91] So auch *Teich*, Diss. S. 167.

[92] *Hanstein*, Ordensrecht, § 42 I, 2 S. 147; *Teich*, Diss., S. 73 ff., 80 ff., 119 ff.

[93] So auch BAG, EzA § 5 BetrVG 1972 Nr. 19.

[94] Vgl. dazu *Dersch*, RdA 1951, 212 ff.; *Molitor*, DB 1957 S. 164 f.; *Schnorr von Carolsfeld*, Festschrift für A. Hueck (1959) S. 261 ff.

und im Familienverband[95] auftretendes Phänomen. Mit der herrschenden Meinung ist davon auszugehen, daß körperschaftliche und schuldrechtliche, insbesondere arbeitsrechtliche Verpflichtungen nebeneinander bestehen können[96] Beruht die Arbeitspflicht hingegen auf dem Mitgliedschaftsverhältnis, ist sie also eine rein körperschaftliche Pflicht, so scheidet die Annahme eines Arbeitsverhältnisses aus.

bb) Ausschließlichkeit des konkreten Mitgliedschaftsverhältnisses

Ist auch grundsätzlich ein Nebeneinander zwischen Arbeits- und Mitgliedschaftsverhältnis möglich, so stellt sich für die Mitglieder der angesprochenen Organisationen doch die Frage, ob nicht bereits das Mitgliedschaftsverhältnis eine umfassende Regelung der Rechtsbeziehungen bringt. Im allgemeinen kann die Intensität rechtlicher Bindungen durchaus unterschiedlich sein. Bei Angehörigen von Orden, Säkularinstituten der röm.-kath. Kirche sowie beim Diakonischen Werk ergibt die mitgliedschaftliche Bindung eine totale und ausschließliche Erfassung der Person auch hinsichtlich der Arbeitsleistung.

Doch auch für die Schwestern des Deutschen Roten Kreuzes bringt das Mitgliedschaftsverhältnis eine umfassende Regelung der Rechtsbeziehungen zwischen Schwestern und Mutterhaus. Die Mitgliedschaft und die Berufstätigkeit bilden eine untrennbare Einheit[97]. Zwar bringt die Satzung der Schwesternschaften nur Einzelregelungen für die Aufnahme (§ 4), die Probezeit (§ 5) und die Beendigung der Mitgliedschaft (§§ 6, 7), § 20 der Mustersatzung verweist aber hinsichtlich der in der Satzung nicht geregelten Rechte und Pflichten der Mitglieder auf die Schwesternordnung des Verbands der Schwesternschaften vom Deutschen Roten Kreuz e. V. Diese Schwesternordnung ist Vereinsrecht des Verbandes und hat damit für seine Mitglieder, nämlich die Schwesternschaften, Geltung. Die Schwesternordnung bringt in Artikel 3 eine Regelung für Bar- und Sachbezüge (Nr. 1 a, b), Reise- und Umzugskostenvergütung (Nr. 1 c), Haftpflichtversicherungsschutz (Nr. 1 d), Ruhegeldregelungen (Nr. 1 e), Sozial- und Arbeitslosenversicherung (Nr. 2), Erho-

---

[95] Vgl. dazu etwa *Gernhuber*, FamRZ 1958 S. 243 ff.; *Wägenbaur*, JZ 1958 S. 396 f.; *Siebert*, Steuerberater-Jahrbuch 1958/59 S. 218 ff.

[96] BAG, AP Nr. 1 zu § 5 ArbGG 1953 Bl. 153 Rückseite; *Molitor*, Arbeitsverhältnisse und Mitgliedschafts- (Gesellschafts-)Verhältnisse, DB 1957 S. 164 ff.; *Schnorr von Carolsfeld*, Festschrift für A. Hueck, S. 261 ff. (263); *Hueck* in Hueck / Nipperdey, Bd. I, § 9 V 3, S. 46, 47; *Nikisch*, Bd. I, § 14 V 4, S. 120, 121; *ders.*, Festschrift für Hueck, S. 10; *Staudinger / Nipperdey / Neumann*, BGB, Anm. 17 zu § 611 mit weiteren Nachweisen; *Wlotzke / Volze* in Soergel / Siebert, BGB, Anm. 40 vor § 611; *Brosius*, Diss., S. 91 ff., 121; *Richardi*, SAE 1970 S. 262.

[97] Vgl. BAG, EzA § 5 BetrVG 1972 Nr. 19; a. A. *Zöllner*, § 4 III 2 d.

lungsurlaub (Nr. 4), Fortbildung (Nr. 6), Fortzahlung der Bezüge im Krankheitsfall (Nr. 7), in Art. 4 eine Regelung über die allgemeinen, in den Art. 5 ff. über die besonderen Pflichten der Schwester. Da diese Schwesternordnung kraft § 20 der Mustersatzung verbindlich und umfassend das Mitgliedschaftsverhältnis der Schwestern regelt, bleibt kein Raum mehr für die Annahme eines Arbeitsverhältnisses[98].

Da ein Arbeitsverhältnis nach heute h. M.[99] nur durch einen Arbeitsvertrag begründet werden kann, bestehen für die Befürworter eines Arbeitsverhältnisses[100] zwischen Mutterhaus und Schwester ferner Schwierigkeiten, den Vertragsschluß nachzuweisen. Knuth[101] weicht dieser Problematik durch die Annahme einer Verpflichtung der Schwesternschaft zu arbeitsrechtlicher Regelung der abhängigen Arbeit eines Mitglieds aus, wobei er als ultima ratio die Arbeitsaufnahme „nach Treu und Glauben im Interesse des arbeitenden Mitglieds als stillschweigenden Vertragsschluß“[102] gewertet haben will. Auch v. Rehrens Theorie[103] vom gemischten Vertrag, wonach ein Arbeitsverhältnis vom Mitgliedschaftsverhältnis mit umschlossen werden könne, haftet zu sehr die Vergewaltigung dogmatischer Regeln an, als daß ihr gefolgt werden könnte. Ein Vertragsschluß wäre nur dann denkbar, wenn Einzelregelungen der Satzung als schuldrechtliche Bestimmungen ausgelegt werden könnten. Zwar kann davon ausgegangen werden, daß in Einzelfällen in Satzungen nebeneinander körperschaftliche und schuldrechtliche Verpflichtungen enthalten sein können[104], die Arbeitspflicht bei Rotkreuz-Schwestern entspringt aber allein der mitgliedschaftlichen Bindung, so daß eine danebenstehende inhaltlich gleiche Arbeitspflicht aus Arbeitsvertrag undenkbar ist.

Zusammenfassend kann also festgestellt werden, daß im Verhältnis zwischen den behandelten Mutterhäusern und deren Angehörigen ausschließlich mitgliedschaftliche Beziehungen bestehen.

---

[98] So auch BAG, EzA § 5 BetrVG 1972 Nr. 19; *Teich* S. 121; *v. Maltzahn*, RdA 1955 S. 454 ff.; vgl. auch BVerwG AuR 1967 S. 223 f.

[99] Vgl. BAG AP Nr. 3 zu § 611 BGB Mittelbares Arbeitsverhältnis; *A. Hueck* in Hueck / Nipperdey, Bd. I, S. 37, 116 ff. mit weiteren, auch ablehnenden Fundstellen.

[100] *Fitting / Auffarth / Kaiser*, § 5 Anm. 15; *Kraft* in GK, § 5 Anm. 24; *Knuth* S. 91; *v. Maydell*, AuR 1967 S. 202; *Zöllner*, § 4 III 2 d.

[101] Ebd. S. 58 ff.

[102] Ebd. S. 89.

[103] *v. Rehren*, Die arbeitsrechtliche Stellung von Krankenschwestern, Diss. Hamburg 1960, S. 110 ff. (sowie S. 72 ff.).

[104] Vgl. BGHZ 18, 205 für eine GmbH; *Scholz*, GmbH-Gesetz, § 3 Anm. 18.

cc) Abspaltung einer Arbeitgeberstellung

Doch auch bei Bestehen einer ausschließlich mitgliedschaftlichen Bindung zum Mutterhaus führt ein Gestellungsvertrag zu einem Dreiecksverhältnis. Innerhalb dieses Dreiecksverhältnisses kann dem Entleiher eine der Arbeitgeberposition vergleichbare Stellung eingeräumt werden. Wo sich die Leitungs- und Organisationsgewalt des Trägers der Sozialeinrichtung laut Gestellungsvertrag auch auf die Mitglieder der Mutterhäuser erstreckt, gleicht die Lage der gestellten Personen der von Leiharbeitnehmern. In diesem Fall wird die umfassende mitgliedschaftliche Überwölbung der Rechtsbeziehungen aufgebrochen. Der Teil der Rechtsbeziehungen, welcher zwischen gestellter Person und Entleiher besteht, wird aus der mitgliedschaftlichen Bindung entlassen. Auf Grund welcher Rechtsgeschäfte dies geschieht, soll später untersucht werden. Es taucht aber bereits hier die Frage auf, ob die Rechtsbeziehungen zwischen gestellter Person und Entleiher nicht ein arbeitsrechtliches Problem darstellen, die Stellung des Entleihers nicht als Arbeitgeberstellung zu behandeln ist. Diese Frage ist für den kirchlichen und karitativen Bereich getrennt zu untersuchen.

Wird im kirchlichen Bereich im Normalfall die Funktion des Arbeitsrechts durchaus gleichwertig ersetzt durch eine im Rahmen der Autonomie geschaffene Lebensordnung, die auf Grund mitgliedschaftlicher Bindung für den einzelnen Gültigkeit erlangt, so entzieht sich durch die vom Gestellungsvertrag geschaffene Lage ein Teil der Beziehungen zum Mitglied der Gestaltung durch das Mutterhaus. Für ein Zurücktreten des Arbeitsrechts ist aber dort kein Raum, wo sich in Folge von autonomer Rechtsgestaltung der mitgliedschaftliche Sozialschutz auf einen Teil der Rechtsbeziehungen beschränkt. Die aus dem Mitgliedschaftsverhältnis entlassenen Rechtsbeziehungen, welche eine partielle Arbeitgeberstellung des Entleihers begründen, müssen deshalb vom Arbeitsrecht erfaßt werden.

Dies gilt um so mehr im Verhältnis zu Gemeinschaften ohne religiöse Verwurzelung, insbesondere Rotkreuz-Schwesternschaften. Ist bereits umstritten, ob Gemeinschaften auf nur ethisch-humanitärer Basis eine das Arbeitsrecht erübrigende Umfaßtheit[105] erlangen können, so muß jedenfalls bei Beschränkung der mitgliedschaftlichen Bindung und Begründung einer eigenen, unabhängigen Rechtsstellung das Entstehen einer partiellen Arbeitgeberstellung bejaht werden. Diese Auffassung soll an Hand eines Beispiels unterstrichen werden. Leistet eine Rotkreuz-Schwester auf Grund eines Gestellungsvertrags Arbeit und ist sie sowohl was die ärztlichen als auch die fachlichen Weisungen anbelangt rotkreuzfremden Personen unterworfen, erfolgen womöglich

[105] Vgl. dazu: *Mayer-Maly*, Erwerbsabsicht und Arbeitnehmerbegriff S. 3.

ferner Arbeitseinteilung und Entgeltzahlung durch den Krankenhausträger, so übt letzterer einen Teil der Rechtspositionen aus, welche normalerweise der Rotkreuz-Schwesternschaft zustehen. Soweit der Krankenhausträger hierbei unabhängig von dem Mutterhaus handelt, also eigene Rechte wahrnimmt, gleicht seine Stellung völlig der eines Entleihers innerhalb eines Leiharbeitsverhältnisses. Es gibt keinen Grund, weshalb die Stellung des Krankenhausträgers nicht als Arbeitgeberstellung qualifiziert und damit dem Arbeitsrecht unterworfen werden sollte. Schließlich darf nicht verkannt werden, daß der Arbeitgeber- ebenso wie der Arbeitnehmerbegriff funktional zu verstehen sind[106]. Die Bejahung einer Arbeitgeberstellung eröffnet die einzelfallgerechte Anwendbarkeit des arbeitsrechtlichen Normenbestands und Regelungsinstrumentariums.

c) Zusammenfassung

Als Ergebnis bleibt festzuhalten, daß es auf Grund von Gestellungsverträgen zu einer Aufspaltung der Arbeitgeberstellung kommen kann. Bei Bestehen eines Arbeitsverhältnisses zum Mutterhaus ist das ohne weiteres einsichtig, da insoweit eine starke Ähnlichkeit zum Leiharbeitsverhältnis besteht. Bei einer mitgliedschaftlichen Bindung der gestellten Person zum Mutterhaus ist die Situation komplizierter. Zwar erfolgt keine Aufspaltung einer bestehenden, zuvor einheitlichen Arbeitgeberstellung, aber durch ein Entlassen von Rechtsbeziehungen aus dem Mitgliedschaftsverhältnis kann originär eine partielle arbeitgeberähnliche Stellung des Entleihers entstehen. Neben die beschränkte mitgliedschaftliche Rechtsstellung des Mutterhauses tritt dann eine partielle Arbeitgeberstellung des Entleihers.

[106] Für ein funktionales Verständnis des Arbeitnehmerbegriffs zuletzt: *Ballerstedt*, Probleme einer Dogmatik des Arbeitsrechts, in Festgabe für Wilhelm Herschel zum 80. Geburtstag, RdA 1976 S. 7.

§ 4 Rechtliche Konstruktion

Nachdem die Komplexität und Aufspaltbarkeit der Arbeitgeberstellung an Hand einzelner typischer Ausgestaltungen aufgezeigt wurde, soll im folgenden der Versuch unternommen werden, die Rechtsbeziehungen, welche zur Aufspaltung der Arbeitgeberstellung führen, dogmatisch zu erfassen. Eine dogmatische Durchdringung des Phänomens der aufgespaltenen Arbeitgeberstellung ist Voraussetzung für die Klärung ihrer kollektiv-, insbesondere betriebsverfassungsrechtlichen Behandlung. Wegen der zentralen Bedeutung des Arbeitsverhältnisses für das gesamte Arbeitsrecht müssen dabei insbesondere die Rückwirkungen, welche die Aufspaltung der Arbeitgeberstellung auf das Arbeitsverhältnis zeitigt, einer sorgfältigen Analyse unterzogen werden.

I. Organschaft, Vertretung, Erfüllungshilfe

Zunächst soll die Frage untersucht werden, ob nicht ein Teilbereich der aufgespaltenen Arbeitgeberstellung mit Hilfe der Rechtsinstitute der Organschaft, der Vertretung und der Stellung als Erfüllungsgehilfe rechtlich erfaßt werden kann.

1. Abstrakter und konkreter Arbeitgeber

Bei einer Aufspaltung der Arbeitgeberstellung zwischen abstraktem und konkretem Arbeitgeber ist Inhaber aller Rechte und Pflichten aus dem Arbeitsverhältnis stets der abstrakte Arbeitgeber. Da aber der abstrakte Arbeitgeber aus tatsächlichen oder rechtlichen Gründen nicht handlungsfähig ist, bedarf es Personen, welche für den abstrakten Arbeitgeber handeln. Die Rechtsstellung des konkreten Arbeitgebers stellt sich dabei durchaus unterschiedlich dar. Bei juristischen Personen hat der konkrete Arbeitgeber Organstellung, bei nicht Geschäftsfähigen die Stellung eines gesetzlichen Vertreters. Der Nachlaßpfleger ist Vertreter desjenigen, der sich als endgültiger Erbe herausstellt[1]. Der Testamentsvollstrecker ist Amtstreuhänder, der kraft eigenem, ihm vom Erblasser übertragenen Rechts handelt[2]. Die Stellung des Nachlaß- und

[1] *Palandt / Keidel*, BGB, § 1960 Anm. 5, C. c, aa; *Schippel*, in Soergel / Siebert, BGB, § 1960 Rdn. 3.

[2] *Palandt / Keidel*, BGB, Einf. v. § 2197 Anm. 1; *Müller* in Soergel / Siebert, BGB, § 2203 Rdn. 1.

Konkursverwalters schließlich ist heftig umstritten[3]. Vertretungs-, Organ- und Amtstheorie stehen sich gegenüber. Für die Beurteilung der Arbeitgeberstellung ist entscheidend, daß übereinstimmend nach allen Theorien das Handeln des Konkursverwalters unmittelbar für und gegen die Masse und den Gemeinschuldner wirkt. Ebenso wirkt das Handeln des Nachlaßverwalters unmittelbar gegen die Erben.

Zusammenfassend bleibt festzuhalten, daß das Spezifische der Rechtsstellung des konkreten Arbeitgebers die Befugnis ist, für den abstrakten Arbeitgeber dessen Arbeitgeberfunktionen wahrzunehmen. Die Rechtswirkungen des rechtsgeschäftlichen Handelns treten unmittelbar beim abstrakten Arbeitgeber ein, der auch Arbeitsvertragspartner der Arbeitnehmer ist. Die Einheit des Arbeitsverhältnisses bleibt unberührt. Der Arbeitnehmer ist ferner nur einem Betrieb zugeordnet.

2. Delegation von Arbeitgeberfunktionen, Gruppenarbeitsverhältnis

Ähnlich wie bei der Aufspaltung der Arbeitgeberstellung zwischen abstrakten und konkretem Arbeitgeber ist die Situation auch bei der Delegation von Arbeitgeberfunktionen. Zwar ist der Grund für die Aufspaltung nicht die rechtliche Unfähigkeit zu eigenem rechtsgeschäftlichen Handeln, sondern das Bedürfnis nach Arbeitsteilung, die Rechtsbeziehungen sind aber vergleichbar. Die Arbeitgeberfunktionen wahrnehmenden Personen treten gegenüber den Arbeitnehmern als Vertreter oder Erfüllungsgehilfen auf. Ihr Handeln ist ein Handeln in fremdem Namen. Bei der Delegation einzelner Arbeitgeberbefugnisse handelt es sich nicht um eine nach § 613 S. 2 BGB zu beurteilende Anspruchsübertragung, sondern um eine arbeitsvertraglich zulässige Vertretung und Vertragserfüllung mittels Erfüllungsgehilfen. Die gegenüber den Arbeitnehmern handelnden Personen stehen ihrerseits in einem Arbeitsverhältnis zum Geschäftsherrn. Damit ist gewährleistet, daß innerhalb der Unternehmenshierarchie eine ausgeprägte Einflußmöglichkeit von oben nach unten besteht. Charakteristisch für das Delegationsmodell ist somit der hierarchische Aufbau der Arbeitgeberstruktur. Eine rechtliche Verpflichtung oder ein bestimmter Wille kann von der Arbeitgeberspitze gegenüber untergeordneten, Arbeitgeberfunktionen ausübenden Personen durchgesetzt werden. Die Rechtsfolgen des rechtsgeschäftlichen Handelns der Arbeitgeberfunktionen ausübenden Personen treffen stets den Arbeitsvertragspartner des Arbeitnehmers. Eine Aufspaltung des Arbeitsverhältnisses tritt bei einer Delegation von Arbeitgeberfunktionen nicht ein, die Einheit des Ar-

---

[3] Zur Darstellung des Streitstandes vgl.: *Böhle / Stamschräder,* KO, § 6 Anm. 2 mit weiteren Nachweisen; *Palandt / Keidel,* BGB, § 1985 Anm. 1 mit weiteren Nachweisen.

beitsverhältnisses bleibt also unberührt. Der Arbeitnehmer ist gleichfalls nur einem Betrieb des Unternehmens zugeordnet.

Da bei Gruppenarbeitsverhältnissen eine Aufspaltung der Arbeitgeberstellung wenn überhaupt, so nur in Form der Delegation, auftritt, gilt gleiches auch für diesen Bereich.

3. Beschäftigung bei den alliierten Streitkräften

Es bleibt zu klären, wie die anderen sozialtypischen Fälle der aufgespaltenen Arbeitgeberstellung rechtlich zu erfassen sind. Organschaft, Vertretung und die Stellung als Erfüllungsgehilfe setzen immer ein Handeln für einen anderen voraus, den dann auch die Rechtsfolgen treffen.

Bei der Beschäftigung deutschen Personals bei den alliierten Streitkräften handeln sowohl die deutschen als auch die ausländischen Behörden als Arbeitgeber. Weder in der Bundesrepublik noch in Westberlin wird aber eine Behörde als Vertreterin oder Erfüllungsgehilfin einer anderen Behörde tätig. Wenn die deutschen Behörden Tarifverträge abschließen oder das Entlohnungsverfahren regeln, handeln sie nicht im Namen oder zur Erfüllung der Rechtspflicht der Alliierten, ebensowenig wie die allierten Behörden in Namen der Bundesrepublik oder von Westberlin die Befugnisse aus dem NATO-Truppenstatut oder dem kleinen Besatzungsstatut wahrnehmen. Jede Behörde wird vielmehr im Rahmen ihrer eigenen Kompetenz tätig.

Die Aufspaltung der Arbeitgeberstellung bei der Beschäftigung deutschen Personals bei den alliierten Streitkräften ist also nicht mit Hilfe der Rechtsinstitute der Organschaft, der Vertretung oder Erfüllungshilfe zu erklären.

4. Mittelbares Arbeitsverhältnis

Es ist weiter zu untersuchen, ob beim mittelbaren Arbeitsverhältnis der mittelbare Arbeitgeber als Vertreter und Erfüllungsgehilfe des Mittelsmanns gegenüber dem Gehilfen handelt. Gegen eine solche Annahme spricht die Stellung des mittelbaren Arbeitgebers. Der mittelbare Arbeitgeber ist Arbeitgeber des Mittelsmanns. Nähme man eine Delegation von Arbeitgeberfunktionen im Verhältnis mittelbarer Arbeitgeber — Mittelsmann an, so würde sich die Delegation bildlich gesprochen von unten nach oben vollziehen. Es würde die rechtliche Situation auf den Kopf stellen, eine Weisungsgebundenheit des mittelbaren Arbeitgebers gegenüber dem Mittelsmann anzunehmen. Der mittelbare Arbeitgeber handelt nicht in fremdem Namen und für einen anderen, wenn er Arbeitgeberfunktionen insbesondere das Direktionsrecht gegenüber dem Gehilfen ausübt.

Auch beim mittelbaren Arbeitsverhältnis läßt sich also die Aufspaltung der Arbeitgeberstellung nicht mit Hilfe von Vertretung und Erfüllungshilfe erklären.

5. Gesamthafenarbeits-, Leiharbeits- und Gestellungsverhältnis

Bezüglich der rechtlichen Behandlung von Gesamthafenarbeits-, Leiharbeits- und Gestellungsverhältnissen besteht seit langer Zeit beträchtliche Unsicherheit. Am deutlichsten kommt dies bei der Rechtsprechung zum Leiharbeitsverhältnis zum Ausdruck. Das Reichsarbeitsgericht hat in seiner Entscheidung vom 5. 6. 1940[4] den Entleiher als Erfüllungsgehilfen gemäß § 278 BGB behandelt. Das Reichsgericht ist in seiner Entscheidung vom 17. 12. 1942[5] dem Reichsarbeitsgericht gefolgt. Die Erfassung des Entleihers mit der Rechtsfigur des Erfüllungsgehilfen ist zunächst auch in der Rechtswissenschaft auf Zustimmung gestoßen[6]. Auch der Bundesgerichtshof hat in seinen ersten Urteilen[7] noch an der überkommenen Rechtsprechung festgehalten. Die Begriffe „Bevollmächtigter" oder „Repräsentant" deuten darauf hin, daß der Entleiher nur als in fremdem Namen und für einen anderen Handelnder gesehen wurde. Heute bedient sich weder das Bundesverfassungsgericht[8] noch der Bundesgerichtshof[9], noch das Bundesarbeitsgericht[10] der Rechtsfigur des Erfüllungsgehilfen oder der Vertretung zur Erklärung der aufgespaltenen Arbeitgeberstellung beim Leiharbeitsverhältnis. Wie Heinze[11] für das Leiharbeitsverhältnis treffend feststellt, muß der Kunstgriff, den zweiten Arbeitgeber als Erfüllungsgehilfen in das bestehende Arbeitsverhältnis einbeziehen zu wollen, angesichts der rechtlich und tatsächlich verselbständigten Stellung des Entleihers, z. B. hinsichtlich Lohnzahlungspflicht und Direktionsrecht, scheitern.

Ebensowenig wie beim Leiharbeitsverhältnis eignen sich Vertretung und Erfüllungshilfe auch für die Erfassung der aufgespaltenen Arbeitgeberstellung beim Gesamthafenarbeits- und Gestellungsverhältnis. Gesamthafenarbeits-, Leiharbeits- und Gestellungsverhältnis zeichnen

---

[4] RAG, ARS 40 S. 10.

[5] RGZ 170 S. 216 ff.

[6] Vgl. die Anmerkung von *A. Hueck* zu RAG, ARS 33 S. 67.

[7] BGHZ 8 S. 330 ff.; BGH, LM Nr. 2 u. 3 zu § 899 RVO.

[8] BVerfGE 21 S. 261 ff.

[9] BGH, AR-Blattei, Leiharbeitsverhältnis Entscheidung 3.

[10] BAG AP Nr. 2 u. 3 zu § 611 BGB Leiharbeitsverhältnis; BAG AP Nr. 7 zu § 637 RVO.

[11] ZfA 1976 S. 188; ebenso *Mayer-Maly*, ZfA 1972 S. 23.

sich dadurch aus, daß dem Arbeitnehmer oder dem Mitglied zusätzlich ein neuer, rechtlich unabhängiger Arbeitgeber gegenübertritt. Spricht etwa der Hafeneinzelbetrieb eine außerordentliche Kündigung gegenüber dem Gesamthafenarbeiter aus, so ist dies ein Handeln im eigenen, nicht in fremdem Namen und auf Grund eigenen, nicht fremden Rechts. Dies geht aus § 9 Abs. 3 S. 1 der Verwaltungsanordnung für den Gesamthafenbetrieb Hamburg in Verbindung mit § 2 Nr. 3 der Vereinbarung zwischen dem Zentralverband der deutschen Seehafenbetriebe und der Gewerkschaft ÖTV vom 9. 2. 1951 hervor. Danach kann der Gesamthafenarbeiter vom Hafeneinzelbetrieb fristlos entlassen werden. Sowohl Gesamthafen- als auch Hafeneinzelbetrieb handeln unabhängig voneinander und auf Grund eigener Kompetenz. Ebenso wäre es wirklichkeitsfremd annehmen zu wollen, ein Krankenhausträger handle üblicherweise gegenüber den gestellten Schwestern im Namen des Mutterhauses. Durch den Gestellungsvertrag wird vielmehr dem Krankenhausträger eine autonome Rechtsstellung gegenüber dem gestellten Personal eingeräumt. Besonders deutlich wird dies aus § 2 Nr. 2 des Mustergestellungsvertrags[12] des Agnes-Karll-Verbandes, wo dem Krankenhaus ausdrücklich „ein fachliches Weisungsrecht in medizinischen und wirtschaftlichen Angelegenheiten" eingeräumt und die Schwestern an die Hausordnung des Krankenhauses gebunden werden. Daneben wird dem Krankenhaus durch § 10 Nr. 1 des Mustergestellungsvertrages das Recht eingeräumt, Beginn und Ende der täglichen Arbeitszeit festzusetzen.

6. Zusammenfassung

Zusammenfassend läßt sich feststellen, daß nur ein Teilbereich der aufgespaltenen Arbeitgeberstellung mit den Rechtsfiguren der Organschaft, Vertretung und der Stellung als Erfüllungsgehilfe zu erklären ist. Das mittelbare Arbeitsverhältnis, das Beschäftigungsverhältnis bei den alliierten Streitkräften, das Leiharbeits-, das Gesamthafenarbeits- und das Gestellungsverhältnis entziehen sich auf Grund ihrer besonderen Ausgestaltung dieser Deutung.

II. Gesetzliche Sonderregelung

Bei der Suche nach einer rechtlichen Erklärung für die Aufspaltung der Arbeitgeberstellung beim mittelbaren Arbeitsverhältnis, dem Beschäftigungsverhältnis bei den alliierten Streitkräften, dem Leiharbeits-, dem Gesamthafenarbeits- und Gestellungsverhältnis ergibt sich für das Beschäftigungsverhältnis bei den alliierten Streitkräften eine

[12] Abgedruckt bei *Teich*, Diss., S. 136 ff.

einfache Lösung. Die Funktionsverteilung der Arbeitgeberstellung erfolgt nicht kraft rechtsgeschäftlicher Rechtsgestaltung, sondern kraft Gesetzes. Für die Bundesrepublik regelt das NATO-Truppenstatut und das Zusatzabkommen, für Westberlin das kleine Besatzungsstatut die Verteilung der Arbeitgeberfunktionen zwischen deutschen und alliierten Behörden. Das NATO-Truppenstatut, das Zusatzabkommen und das kleine Besatzungsstatut sind innerdeutsches Recht.

III. Doppelarbeitsverhältnis

Als Lösungsmöglichkeit für die Rechtsprobleme der aufgespaltenen Arbeitgeberstellung beim mittelbaren Arbeitsverhältnis, Gesamthafenarbeits-, Leiharbeits- und Gestellungsverhältnis scheint sich die Annahme zweier Arbeitsverhältnisse anzubieten[13]. Nach dieser Vorstellung bestünde innerhalb der Dreiecksbeziehungen zu jedem Arbeitgeber ein eigenes Arbeitsverhältnis. Es ist aber äußerst fraglich, ob auf diese Art die Rechtsbeziehungen zwischen den Beteiligten hinreichend geklärt werden können. Der Lösungsweg über ein Doppelarbeitsverhältnis begegnet Bedenken aus zwei Gründen: Zum einen widerspricht er dem Willen der Betroffenen und der Ausgestaltung der Rechtsbeziehungen, zum anderen könnte ein zweites Arbeitsverhältnis nur mit Hilfe der überholten Eingliederungstheorie begründet werden. Dies ergibt sich aus folgendem:

Die Ausgestaltung des mittelbaren Arbeitsverhältnisses, des Gesamthafenarbeits-, Leiharbeits- und Gestellungsverhältnisses führt nicht zu zwei Arbeitsverhältnissen, sondern nur zu einer Aufspaltung der Arbeitgeberpositionen *innerhalb eines einzigen* einheitlichen *Arbeitsverhältnisses.* Es wird nur einmal die Arbeitsleistung erbracht und nur einmal dafür ein Entgelt bezahlt. Die Verteilung zumindest des Direktionsrechts und der Fürsorgepflicht auf mehrere Personen steht dem nicht entgegen.

Zur Begründung eines Arbeitsverhältnisses zu dem zweiten Arbeitgeber müßte ferner wegen des Fehlens von korrespondierenden Willenserklärungen auf die Eingliederungstheorie zurückgegriffen werden. Diese auf die dreißiger Jahre zurückgehende Theorie ist, soweit sie die Begründung von Arbeitsverhältnissen betrifft, überholt[14]. Unsere Privatrechtsordnung basiert auf der *rechtsgeschäftlichen* Privatautonomie[15], deshalb ist für die faktische Begründung eines Arbeitsverhältnisses kein Raum.

[13] Für das Leiharbeitsverhältnis vertreten von *Sturn,* BB 1969 S. 1436.

[14] Zur Kritik der Eingliederungstheorie vgl. *Hueck / Nipperdey,* Bd. I, § 21 mit weiteren Nachweisen; *Metzmaier,* Die Eingliederungstheorie und die Lehre vom Arbeitsverhältnis, jur. Diss. 1968.

IV. Auffassung von Alfred Hueck

Zur Klärung der Rechtsbeziehungen innerhalb eines Teilbereichs der aufgespaltenen Arbeitgeberstellung, nämlich des mittelbaren Arbeitsverhältnisses, hat Alfred Hueck einen besonderen Lösungsweg eingeschlagen[16]. Er nimmt eine gewohnheitsrechtliche Fortgeltung des § 120 des Entwurfs eines allgemeinen Arbeitsvertragsgesetzes von 1938 an. Diese Vorschrift lautet:

„Hat ein Gefolgsmann eine Arbeit unter Heranziehung anderer Gefolgsmänner zu leisten oder muß dem Unternehmer bekannt sein, daß er die Arbeit nur unter Heranziehung anderer leisten kann, so besteht ohne Rücksicht auf entgegenstehende Vereinbarungen auch zwischen diesem Dritten und dem Unternehmer ein Arbeitsverhältnis (mittelbares Arbeitsverhältnis)."

Diese Auffassung wurde auch vom 3. Senat des Bundesarbeitsgerichts vertreten[17]. Der 4. Senat ist aber kaum ein Jahr später von dieser Entscheidung wieder abgerückt[18]. Nicht die gewohnheitsrechtliche Fortgeltung des Entwurfs eines allgemeinen Arbeitsvertragsgesetzes von 1938 vermag arbeitsvertragliche Beziehungen zum mittelbaren Arbeitgeber herzustellen, sondern nur ein rechtsgeschäftlicher Begründungstatbestand. Auch wenn die Auffassung von A. Hueck und dem 3. Senat des Bundesarbeitsgerichts von dem Bemühen getragen ist, Rechtsbeziehungen zwischen Gehilfen und mittelbarem Arbeitgeber zu begründen, so vermag sie nicht dem individuellen Willen der Beteiligten angepaßte Vertragsbeziehungen zu schaffen.

V. Funktioneller Arbeitgeberbegriff

Weiter verdient der Untersuchung, ob die Verwendung des sog. funktionellen Arbeitgeberbegriffs[19] die Rechtslage beim mittelbaren Arbeitsverhältnis, beim Gesamthafenarbeits-, Leiharbeits- und Gestellungsverhältnis transparent zu machen in der Lage ist. Der funktionelle Arbeitgeberbegriff ist geprägt worden zur Bezeichnung eines ungelösten Rechtsproblems, dem der aufgespaltenen Arbeitgeberstellung. Unter dem funktionellen Arbeitgeberbegriff wurde zum ersten Mal in umfassendem Umfang die Funktionsverteilung der Arbeitgeberstellung

---

[15] *Flume*, Allgemeiner Teil des Bürgerlichen Rechts, Bd. II (1975), S. 23.

[16] *A. Hueck* in Hueck / Nipperdey, Bd. I, § 78 V 3; ausdrücklich dagegen *Ramm*, ZfA 1973 S. 272 ff.

[17] BAG, AP Nr. 2 zu § 611 BGB Mittelbares Arbeitsverhältnis mit zustimmender Anmerkung von *A. Hueck*.

[18] BAG, AP Nr. 3 zu § 611 BGB Mittelbares Arbeitsverhältnis; zustimmend *Ramm*, ZfA 1973 S. 273.

[19] *Nikisch*, Bd. I, § 17 II, S. 144 f.

zur Diskussion gestellt. So weist Nikisch[20] in seinem Lehrbuch zum Arbeitsrecht darauf hin, daß „der Begriff des Arbeitgebers sich nicht notwendig, wie der des Arbeitnehmers, mit einer bestimmten Person verbindet, sondern daß er eine zusammenfassende Bezeichnung von Funktionen ist, die zwar in derselben Person vereinigt sein können und auch meistens vereinigt sind, die aber auch auf verschiedene Personen verteilt sein können". Die Bedeutung des funktionellen Arbeitgeberbegriffs liegt also in der Problemerkenntnis und Problemumschreibung, nicht in der Problemlösung. Der funktionelle Arbeitgeberbegriff gibt keinen Aufschluß über die Rechtsbeziehungen zwischen Arbeitnehmer und den Arbeitgeberfunktionen ausübenden Personen. Die Vorstellung, daß eine Rechtsstellung allein kraft Funktion begründet wird, ist unserer Zivilrechtsordnung fremd[21]. Das Entstehen einer Arbeitgeberstellung kann dogmatisch nur aus rechtsgeschäftlichem Handeln heraus erklärt werden.

Abschließend ist also festzuhalten, daß der funktionelle Arbeitgeberbegriff zur Klärung der Rechtsbeziehungen zwischen den Arbeitgeberfunktionen wahrnehmenden Personen und dem Arbeitnehmer wenig geeignet ist.

VI. Vertragsbeitritt

Als Begründungstatbestand für die partielle Arbeitgeberstellung des mittelbaren Arbeitgebers, des Gesamthafenbetriebsinhabers, des Entleihers sowie des Trägers von Sozialeinrichtungen bei Gestellungsverträgen könnte ein Vertragsbeitritt in Erwägung gezogen werden. Heinze[22] vertritt in seiner Untersuchung über die Rechtsprobleme des sog. echten Leiharbeitsverhältnisses die Ansicht, mit dem Rechtsinstitut des Vertragsbeitritts das Problem der funktionell verteilten Arbeitgeberstellung für den Bereich der echten Leiharbeit lösen zu können. Da Heinze meint, die Arbeitgeberstellung sei als Rechtsstellung nicht aufspaltbar, kommt er nur durch Verdoppelung zu einer Arbeitgeberstellung des Entleihers.

Der Beitritt eines Dritten zu einem bestehenden Vertrag ist rechtlich möglich, setzt aber die Mitwirkung aller Beteiligten voraus[23]. Ein Vertragsbeitritt hat zur Folge, daß der Beitretende Gesamtschuldner der sich aus dem Vertragsverhältnis ergebenden Verpflichtungen wird. Bezüglich der Rechte würde der neue Arbeitgeber die Stellung eines Ge-

---

[20] Bd. I, § 17 II, S. 145.

[21] Zur Problematik vgl.: *Esser*, Gedanken zur Problematik der „faktischen Schuldverhältnisse", AcP 157 S. 86 ff.

[22] ZfA 1976 S. 201 ff.

[23] *Fikentscher*, Schuldrecht S. 332.

samtgläubigers erlangen. Zwar führt die Stellung als neuer Vertragspartner mit allen Rechten und Pflichten aus dem Arbeitsvertrag zu einer neuen Arbeitgeberstellung, dadurch *verdoppelt sich* aber *die Arbeitgeberstellung.*

Gegen die Rechtsfigur des Vertragsbeitritts als Erklärungsversuch für das Problem der aufgespaltenen Arbeitgeberstellung spricht somit ein gewichtiges Argument. Spezifikum der aufgespaltenen Arbeitgeberstellung ist die Aufteilung von Rechten und Pflichten, nicht die Ausübung einer vollen Arbeitgeberstellung durch jede der beteiligten Personen. So besteht etwa beim Leiharbeitsverhältnis keine durch Vertragsbeitritt herbeigeführte Gesamtgläubigerstellung des Verleihers und Entleihers gemäß § 428 BGB. Auch die Arbeitsleistung kann abweichend von § 428 I BGB für die Dauer der Ausleihe nur beim Entleiher, nicht aber beim Verleiher geleistet werden. Der an einem fremden Betriebsinhaber verliehene Arbeitnehmer hat deshalb nicht die Wahl, im Entleiher- oder im Verleiherbetrieb seine Arbeitsleistung zu erbringen.

Der Versuch, durch die Rechtsfigur des Vertragsbeitritts die Verteilung der Arbeitgeberfunktionen zu erklären, ohne die Aufspaltung der Arbeitgeberstellung anzuerkennen, muß als gescheitert betrachtet werden. Die Rechtsstellung der Arbeitgeberfunktionen ausübenden Personen ist nicht die von Gesamtgläubigern.

VII. Abtretung und Schuldübernahme

Es stellt sich die Frage, ob die aufgespaltene Arbeitgeberstellung beim mittelbaren Arbeitsverhältnis, beim Gesamthafenarbeits-, Leiharbeits- und Gestellungsverhältnis durch die Rechtsinstitute der Abtretung, § 398 BGB, und Schuldübernahme, §§ 414, 415 BGB, erklärbar ist. Mit dieser Fragestellung ist eine wesentliche Problemschwelle erreicht. War durch alle bisherigen Erklärungsversuche der aufgespaltenen Arbeitgeberstellung die Einheit des Arbeitsverhältnisses unberührt geblieben, ja sogar das erklärte Ziel dieser Konstruktionen[24], so führen Zession und Schuldübernahme zur Aufspaltung des Arbeitsverhältnisses. Bevor deshalb auf Einzelheiten einer Erklärung der Phänomene der aufgespaltenen Arbeitgeberstellung mit Hilfe von Zession und Schuldübernahme eingegangen werden kann, muß der grundsätzlichen Frage nachgegangen werden, ob das Arbeitsverhältnis überhaupt teilbar ist. Diese Frage ist für die Klärung der Rechtsbeziehungen der an der aufgespaltenen Arbeitgeberstellung beteiligten Personen von grundlegender Bedeutung.

---

[24] *Heinze*, ZfA 1976 S. 199 ff.

1. Aufspaltbarkeit des Arbeitsverhältnisses

Das Arbeitsverhältnis ist ebenso wie jedes Schuldverhältnis grundsätzlich teilbar, soweit nicht im Einzelfall die Gestaltungsfaktoren des Arbeitsverhältnisses, insbesondere die Auslegungsregel in § 613 S. 2 BGB, dem entgegenstehen. Nun ist aber nicht zu verkennen, daß die Aufspaltung des Arbeitsverhältnisses zu besonderen Rechtsproblemen führt. Nicht genug damit, daß bei einer Aufspaltung des Arbeitsverhältnisses die Rechtsbeziehungen unüberschaubarer werden, es verliert auch das Arbeitsrecht, welches sich im wesentlichen als Arbeitnehmerschutzrecht entwickelt hat, an Praktikabilität. Dies gilt für nahezu alle Bereiche des Arbeitsrechts. Bei einer Aufspaltung des Arbeitsverhältnisses treten Probleme der Tarifgeltung, der betriebsverfassungsrechtlichen Behandlung, der Passivlegitimation und des Kündigungsschutzes auf, um nur einige Beispiele zu nennen. Welcher Betrieb ist etwa bei einer betriebsbedingten Kündigung für die soziale Rechtfertigung nach § 1 II und III KschG maßgebend, derjenige, der den Arbeitnehmer eingestellt hat oder derjenige, bei dem der Arbeitnehmer nunmehr seine Arbeit verrichtet? Welcher Arbeitgeber hat den Arbeitnehmer nach § 9 KSchG abzufinden? — Mit Recht scheuen deshalb Rechtsprechung und Rechtswissenschaft davor zurück, vorschnell die Aufspaltung eines Arbeitsverhältnisses anzuerkennen. Unter diesem Aspekt wird auch die Lehre von der aufgespaltenen Arbeitgeberstellung verständlich. Sie stellt für den Bereich des mittelbaren Arbeitsverhältnisses, des Gesamthafenarbeits-, Leiharbeits- und Gestellungsverhältnisses den ersten Schritt dar, die tatsächliche Ausgestaltung der Rechtsbeziehungen anzuerkennen, ohne die Einheit des Arbeitsverhältnisses in Frage zu stellen. Die Lehre von der aufgespaltenen Arbeitgeberstellung ist insoweit zunächst eine Konzession an die Rechtswirklichkeit. Auch wenn aber hinter dieser Lehre die durchaus anerkennenswerte Sorge vor einem Zerfließen des Arbeitsverhältnisses in eine Anzahl von Sonderrechtsbeziehungen steht, so werden damit doch auch soziale Tatbestände geleugnet. Wie bereits an anderer Stelle gezeigt wurde, werden beim mittelbaren Arbeitsverhältnis, beim Gesamthafenarbeits-, Leiharbeits- und Gestellungsverhältnis von rechtlich unabhängigen Trägern Arbeitgeberfunktionen wahrgenommen. Diese Personen handeln im eigenen, nicht im fremden Namen. Daraus geht hervor, daß auch das Arbeitsverhältnis aufgeteilt ist. Die Sondertypen des aufgespaltenen Arbeitsverhältnisses müssen anerkannt und ins Arbeitsrecht reintegriert werden. Gerade durch die Erfassung als Sondertatbestände wird die Einheit des Arbeitsverhältnisses als Regel bestätigt.

2. Aufspaltbarkeit des Mitgliedschaftsverhältnisses

Ein gesondert zu behandelndes Problem stellt die Frage dar, ob auch ein Mitgliedschaftsverhältnis aufspaltbar ist. Dies ist deshalb klärungsbedürftig, weil teilweise nicht nur Arbeitsverhältnisse, sondern auch Mitgliedschaftsverhältnisse von Gestellungsverträgen berührt werden[25].

Auch für den Bereich der Mitgliedschaftsverhältnisse muß die tatsächlich erfolgte Aufspaltung des Rechtsverhältnisses anerkannt werden. Übt etwa ein Krankenhausträger gegenüber gestellten Schwestern kraft eigenen Rechts das Direktionsrecht in medizinischen und wirtschaftlichen Angelegenheiten aus, bestimmt er autonom über die Lage der Arbeitszeit und regelt er Fragen der Ordnung des Betriebs und des Verhaltens der Arbeitnehmer im Betrieb, so ist die aus dem Mitgliedschaftsverhältnis entspringende Rechtsstellung aufgespalten. Auch das Mitgliedschaftsverhältnis ist also aufspaltbar.

3. Erklärbarkeit der Aufspaltung von Arbeits- und Mitgliedschaftsverhältnis durch Abtretung und Schuldübernahme

Nachdem die grundsätzliche Aufspaltbarkeit von Arbeits- und Mitgliedschaftsverhältnis bejaht wurde, kann im folgenden der Frage nachgegangen werden, ob bei den verbliebenen Typen der aufgespaltenen Arbeitgeberstellung die Rechtsbeziehungen der Beteiligten durch Zession und Schuldübernahme zu klären sind. Ist die Aufspaltung der Arbeitgeberstellung und des Arbeitsverhältnisses durch Zession und Schuldübernahme begründbar?

Die Arbeitgeberstellung ist, wie an früherer Stelle gezeigt wurde, die Stellung im Rechtsverhältnis. Die Stellung im Rechtsverhältnis kann durch Zession und Schuldübernahme teilweise übertragen werden. So kann die Gläubiger- oder Schuldnerstellung hinsichtlich Arbeitsleistung und Lohnforderung wechseln. Die Zession und die Schuldübernahme erfassen aber nur einen Teilbereich der Arbeitgeberstellung. Da die Arbeitgeberstellung als Parteistellung nicht nur durch Ansprüche, sondern auch durch Rechte und Rechtslagen gekennzeichnet wird[26], ist es überaus schwierig, durch Zession und Schuldübernahme das Entstehen einer weiteren Arbeitgeberstellung zu erklären. Da der Gesetzgeber das Schuldverhältnis von der Seite des Gläubigers als mit dem Forderungsrecht identisch gesehen hat[27], berücksichtigt § 398 BGB nicht das Aufbrechen des Schuldverhältnisses in seiner vollen Tragweite. Die Regelungen des BGB-Gesetzgebers sind noch zu sehr geprägt vom

---

[25] Vgl. dazu § 3 IX 3 b.

[26] Vgl. dazu § 2.

[27] Ausführlich dazu *Pieper* S. 144.

aktionenrechtlichen Denken des römischen Rechts[28]. Bei den Rechtsinstituten der Zession und der Schuldübernahme steht nicht das Rechtsverhältnis, sondern das subjektive Recht, der Anspruch, im Vordergrund. Es ist deshalb ein Übergang etwa des Weisungsrechts oder der Fürsorgepflicht oder des Rechts, Beginn und Ende der täglichen Arbeitszeit festzulegen, nur schwer zu begründen. § 398 BGB ist in seinem Anwendungsbereich auf Forderungen beschränkt.

Noch ein anderes Argument spricht gegen die Erklärung der aufgespaltenen Arbeitgeberstellung mit Hilfe von Zession und Schuldübernahme. Zession und Schuldübernahme führen zu einem Wechsel der Rechtsstellung. Bei der Aufspaltung der Arbeitgeberstellung erfolgt aber auf bestimmten Gebieten ein Nebeneinander von den gleichen Gegenstand betreffenden Rechtsstellungen. So wird durch die Tatsache, daß ein neuer Arbeitgeber Lohnschuldner wird, der alte nicht völlig entlastet[29]. Auch die Fürsorgepflicht trifft beide Arbeitgeber. Durch die Aufspaltung der Arbeitgeberfunktionen wird die Arbeitgeberstellung des primären Arbeitgebers sozusagen nur mit der Arbeitgeberstellung des neuen Arbeitgebers belastet. Bei Wegfall der Arbeitgeberstellung des neuen Arbeitgebers gewinnt der primäre Arbeitgeber seine volle Rechtsstellung zurück. Diese kumulativen Aspekte der aufgespaltenen Arbeitgeberstellung lassen sich nicht durch Zession und Schuldübernahme erklären.

Zusammenfassend bleibt festzuhalten, daß die Rechtsinstitute Zession und Schuldübernahme das Entstehen einer aufgespaltenen Arbeitgeberstellung beim mittelbaren Arbeitsverhältnis, beim Gesamthafenarbeits-, Leiharbeits- und Gestellungsverhältnis nicht voll zu erklären vermögen. Von den vielschichtigen Rechtsbeziehungen, welche zum Entstehen einer aufgespaltenen Arbeitgeberstellung führen, wird nur der Teilaspekt eines möglichen Übergangs des Anspruchs auf Arbeitsleistung und eine mögliche Schuldübernahme der Lohnzahlungspflicht erfaßt.

VIII. Partielle Vertragsübernahme

Als rechtliche Erklärung der aufgespaltenen Arbeitgeberstellung beim mittelbaren Arbeitsverhältnis, beim Gesamthafenarbeits-, Leiharbeits- und Gestellungsverhältnis bietet sich schließlich die partielle Vertragsübernahme an. Durch die Funktionsverteilung der Arbeitgeberpositionen findet bei den genannten Phänomenen im Ergebnis eine

---

[28] Vgl. dazu *Hans Otto de Boor*, Gerichtsschutz und Rechtssystem, 1941 S. 23, 29; *Pieper* S. 144.

[29] So für das mittelbare Arbeitsverhältnis: *A. Hueck* in Hueck / Nipperdey, Bd. I, § 78 V 3 c, bb; *Zöllner*, § 27 II.

Teilrechtsnachfolge in das Arbeits- oder Mitgliedschaftsverhältnis statt[30]. Im Gegensatz zur Aufspaltung der Arbeitgeberstellung zwischen abstraktem und konkretem Arbeitgeber und bei der Delegation von Arbeitgeberfunktionen beinhaltet die Aufspaltung der Arbeitgeberstellung beim mittelbaren Arbeitsverhältnis, beim Gesamthafenarbeits-, Leiharbeits- und Gestellungsverhältnis gleichzeitig eine Aufspaltung des Arbeits- oder Mitgliedschaftsverhältnisses[31].

1. Arbeitsverhältnis

Das Arbeitsverhältnis ist ein Schuldverhältnis. Es ist heute allgemein anerkannt, daß Schuldverhältnisse durch dreiseitiges Geschäft rechtsgeschäftlich auch im Ganzen übertragen werden können[32]. Voraussetzung ist, daß die Identität des Arbeitsverhältnisses erhalten bleibt[33]. Bei der Begründung eines mittelbaren Arbeitsverhältnisses, eines Gesamthafenarbeits- und Leiharbeitsverhältnisses bleibt die Identität des Arbeitsverhältnisses erhalten und nur „auf der personalen Seite" des Arbeitgebers findet ein Wechsel statt[34].

Ist die Übertragung des gesamten Schuldverhältnisses durch dreiseitiges Rechtsgeschäft möglich, so muß dies erst recht für einen Teil des Schuldverhältnisses gelten. Der Vorteil der Erklärung der aufgespaltenen Arbeitgeberstellung mit Hilfe der partiellen Vertragsübernahme liegt darin, daß man sich aus der verengenden Sicht des Anspruchsdenkens löst und besser dem Charakter des Arbeitsverhältnisses gerecht wird. Es fällt dadurch leichter, den Übergang des außerordentlich komplexen Direktionsrecht auf den neuen Arbeitgeber sowie das Entstehen von Treue-, Fürsorge- und sonstigen Nebenpflichten zu erklären. Mit Hilfe des Instituts der partiellen Vertragsübernahme läßt sich die Stellung des zusätzlichen Arbeitgebers als gleichfalls geprägt von Ansprüchen, Rechten und Rechtslagen erklären.

2. Mitgliedschaftsverhältnis

Für die rechtliche Erklärung der Aufspaltung des Mitgliedschaftsverhältnisses bietet sich ebenfalls das Institut der Vertragsübernahme an.

---

[30] So für das Leiharbeitsverhältnis auch *A. Hueck* in Hueck / Nipperdey, Bd. I S. 523.

[31] Vgl. *A. Hueck* in Hueck / Nipperdey, Bd. I S. 523; im Ergebnis ebenso *Mayer-Maly* ZfA 1972, S. 23 f.

[32] Vgl. statt aller: *Hueck / Nipperdey*, Bd. I § 54 III 4, S. 518 ff.; *Nikisch*, Bd. I, § 46 I 3, S. 565 f.; *Palandt / Heinrichs*, BGB, § 398 Anm. 4; BAG, AP Nr. 1 zu § 613 BGB (zu 1 der Gründe).

[33] BAG, AP Nr. 31 zu § 74 HGB.

[34] So für das mittelbare Arbeitsverhältnis: BAG, AP Nr. 31 zu § 74 HGB.

Die Aufnahme eines Mitglieds untersteht dem Recht der Rechtsgeschäfte, demnach vereinigen sich Beitrittserklärung und daraufhin erfolgte Aufnahme zu einem vertragsartigen Vorgang[35]. Auch wenn das Rechtsverhältnis zwischen Verein und Mitglied kein gegenseitiger Vertrag ist[36], kann man sich dennoch das Entstehen einer Arbeitgeberstellung außerhalb des Mitgliedschaftsverhältnisses mit einer partiellen Vertragsübernahme erklären. Jedenfalls führt das Gestellungsverhältnis nicht zu einem Austritt des Mitglieds nach § 39 BGB. Ein Austritt würde zu einem vollständigen Erlöschen des Mitgliedschaftsverhältnisses führen. Bei einem Gestellungsverhältnis hingegen bleibt die Mitgliedschaft zur Körperschaft bestehen, es werden nur einzelne untergeordnete Mitgliedschaftsbeziehungen dem Mitgliedschaftsverhältnis entzogen.

IX. Zusammenfassung

Die Auseinandersetzung mit der Frage, durch welche rechtliche Konstruktion die Aufspaltung der Arbeitgeberstellung am plausibelsten zu erklären sei, führte zu unterschiedlichen Ergebnissen.

Die Aufspaltung der Arbeitgeberstellung zwischen abstraktem und konkretem Arbeitgeber sowie die Delegation von Arbeitgeberfunktionen können mit Hilfe der Rechtsinstitute Organschaft, Vertretung und Erfüllungshilfe erfaßt werden. Diese Formen der Aufspaltung lassen die Einheit des Arbeitsverhältnisses unberührt, sie lösen den Arbeitnehmer auch nicht aus der Zuordnung zu nur einem Betrieb.

Alle anderen Formen der aufgespaltenen Arbeitgeberstellung zeichnen sich dadurch aus, daß sie sowohl zu einer Aufspaltung des Arbeits- bzw. Mitgliedschaftsverhältnisses, als auch einer Zuordnung der Arbeitnehmer zu zwei rechtlich voneinander unabhängigen Betrieben führen. Diese Aufspaltung der Arbeitgeberstellung ist — mit Ausnahme des Beschäftigungsverhältnisses bei den alliierten Streitkräften, wo die Aufspaltung kraft Gesetzes erfolgt — am einleuchtendsten mit Hilfe der Rechtsfigur der partiellen Vertragsübernahme zu erklären.

Gemeinsam ist allen sozialtypischen Formen der aufgespaltenen Arbeitgeberstellung, daß sich die Funktionsverteilung innerhalb eines einzigen Arbeits- bzw. Mitgliedschaftsverhältnisses vollzieht.

[35] *Müller-Erzbach*, Das private Recht der Mitgliedschaft als Prüfstein kausalen Rechtsdenkens, 1948, S. 205; *Schultze-v. Lasaulx* in Soergel / Siebert, BGB, § 38 Anm. 19.

[36] RGZ 100 S. 1, 3; OLG München 38 S. 26; *Schultze-v. Lasaulx* in Soergel / Siebert, BGB, § 38 Anm. 10.

§ 5 Grundsatz für die betriebsverfassungsrechtliche Behandlung

Bevor auf Einzelheiten der betriebsverfassungsrechtlichen Behandlung der aufgespaltenen Arbeitgeberstellung näher eingegangen werden soll, ist zunächst die Frage zu stellen, ob es keinen für alle folgenden Einzelausführungen gültigen, grundsätzlichen Lösungsansatz gibt.

Das Betriebsverfassungsgesetz ist das „Grundgesetz des Betriebes", es dient der Zielbestimmung, der freien Entfaltung der Persönlichkeit der im Betrieb beschäftigten Arbeitnehmer zu dienen. Es verstieße gegen diese Gesetzesintention, wenn durch die Aufspaltung der Arbeitgeberstellung ein Teilbereich der arbeitsrechtlichen Beziehungen dem Betriebsverfassungsgesetz entzogen werden könnte. Deshalb ist als Postulat aufzustellen, daß dem Arbeitnehmer durch die Aufspaltung der Arbeitgeberstellung keine Rechtsnachteile entstehen dürfen.

Diese Aussage gilt in gleichem Maße auch für das Mitgliedschaftsverhältnis. Soweit durch Abspaltung einzelner Rechtsbeziehungen ein Dritter Anspruch auf die mitgliedschaftlich geschuldete Arbeitsleistung hat, darf dem Mitglied daraus gleichfalls kein Rechtsnachteil entstehen. In diesem Fall wird die Verdrängung des Arbeitsrechts durch die mitgliedschaftliche Bindung teilweise wieder beseitigt. Da das Verhältnis zwischen neuem Arbeitgeber und Mitglied nicht vom Mitgliedschaftsverhältnis erfaßt wird, muß auf Grund der Schutzbedürftigkeit des Mitglieds susidiär Arbeitsrecht Anwendung finden.

§ 6 Betriebsverfassungsrechtliche Behandlung der Erscheinungsformen der aufgespaltenen Arbeitgeberstellung, welche nicht zur Aufsplitterung des Arbeitsverhältnisses führen

Auf dem Weg, die Frage nach der betriebsverfassungsrechtlichen Behandlung der aufgespaltenen Arbeitgeberstellung zu beantworten, wurden bisher zwei Etappen zurückgelegt: Es wurden die typischen Erscheinungsformen der aufgespaltenen Arbeitgeberstellung aufgezeigt und eine rechtliche Erklärung für deren Entstehen versucht. Nunmehr soll als dritte Etappe die Auswirkung der aufgespaltenen Arbeitgeberstellung auf das Betriebsverfassungsrecht im einzelnen untersucht werden. Erster Untersuchungsgegenstand sind hierbei der abstrakte und der konkrete Arbeitgeber und die Delegation von Arbeitgeberbefugnissen.

Sowohl bei der Aufspaltung der Arbeitgeberstellung zwischen abstraktem und konkretem Arbeitgeber als auch bei der Delegation von Arbeitgeberbefugnissen handelt es sich rechtlich gesehen um Organschaft, Vertretung oder Erfüllungshilfe. Das Gemeinsame dieser Arten der aufgespaltenen Arbeitgeberstellung ist, wie an früherer Stelle ausführlich nachgewiesen wurde, die Einheit des Arbeitsverhältnisses und die Zuordnung des Arbeitnehmers zu nur einem Betrieb[1]. Diese Tatsache hat Folgen für das Betriebsverfassungsrecht.

I. Wahl des Betriebsrats

Anders als bei einer Aufspaltung auch des Arbeitsverhältnisses und der daraus folgenden Zuordnung des Arbeitnehmers zu zwei Betrieben entstehen bei der *Wahl des Betriebsrats* keine besonderen Probleme. Da der Arbeitnehmer in einem einheitlichen Arbeitsverhältnis steht und folglich auch nur einem Betrieb zugeordnet ist, kann das aktive und passive Wahlrecht leicht nach § 7 und § 8 BetrVG beurteilt werden. Es tauchen keine Probleme hinsichtlich der Frage auf, ob der Arbeitnehmer ein Wahlrecht gleichzeitig in mehreren Betrieben hat oder hinsichtlich der Frage, in welchem von mehreren Betrieben der Arbeitnehmer wahlberechtigt ist.

---

[1] Vgl. dazu § 4 I 1 u. 2.

II. Beteiligungsrechte

Ebenso zeigt die Aufspaltung der Arbeitgeberstellung ohne gleichzeitige Aufspaltung auch des Arbeitsverhältnisses keine Besonderheiten im Bereich der Beteiligungsrechte. Die Beteiligungsrechte werden im wesentlichen vom Repräsentationsorgan der Arbeitnehmer, dem Betriebsrat, wahrgenommen. Taucht bei einer Aufspaltung des Arbeitsverhältnisses ein Legitimationsproblem auf, ob und welcher Betriebsrat gegenüber dem neuen, zusätzlichen Arbeitgeber die Beteiligungsrechte wahrnehmen kann, so ist dies bei einer Aufspaltung der Arbeitgeberstellung innerhalb eines einheitlichen Arbeitsverhältnisses nicht der Fall. Da der Arbeitnehmer nur einem Arbeitsvertragspartner und einem Betrieb zugeordnet ist, ergibt sich von vorneherein nur die Zuständigkeit eines einzigen Betriebsrats. Wie die Praxis zeigt, macht bei einer Aufspaltung der Arbeitgeberstellung zwischen abstraktem und konkretem Arbeitgeber oder bei einer Delegation von Arbeitgeberfunktionen weder die Mitbestimmung in sozialen oder personellen noch in wirtschaftlichen Angelegenheiten Schwierigkeiten, obwohl diese Typen der aufgespaltenen Arbeitgeberstellung im Arbeitsleben außerordentlich häufig auftreten. Alle großen Unternehmen sind heute Kapitalgesellschaften also abstrakte Arbeitgeber, für die ein konkreter Arbeitgeber handelt. Gerade in großen Unternehmen ist auch die Delegation von Arbeitgeberbefugnissen unerläßlich. Dieser Situation wird aber das Betriebsverfassungsgesetz von 1972, ebenso wie seine Vorgängerinnen, gerecht.

III. Zusammenfassung

Die Aufspaltung der Arbeitgeberstellung, welche nicht gleichzeitig auch zu einer Aufspaltung des Arbeitsverhältnisses führt, wirft keine besonderen betriebsverfassungsrechtlichen Schwierigkeiten auf. Der Grund dafür ist die Zuordnung des Arbeitnehmers zu nur einem Betrieb.

§ 7 Einzelheiten der betriebsverfassungsrechtlichen Behandlung des Leiharbeitsverhältnisses

I. Untersuchungsverfahren

Wegen der besonders starken Verbreitung des Leiharbeitsverhältnisses soll dieses bei der Behandlung der Form der aufgespaltenen Arbeitgeberstellung, welche gleichzeitig zu einer Aufspaltung des Arbeitsverhältnisses führt, in den Mittelpunkt gestellt werden. Wie bereits an früherer Stelle gezeigt wurde, können die einzelnen Leiharbeitsverhältnisse außerordentlich unterschiedlich ausgestaltet sein. Da nicht zu allen Erscheinungsformen detaillierte betriebsverfassungsrechtliche Aussagen getroffen werden können, empfiehlt es sich, primär auf den sehr bedeutenden Bereich der durch das Arbeitnehmerüberlassungsgesetz (AÜG) geregelten Leiharbeitsverhältnisse, die Zeitarbeit, näher einzugehen. Das hat den Vorteil, daß sowohl auf Grund gesetzlicher als auch tarifvertraglicher[1] Regelungen die Verteilung der Arbeitgeberfunktionen zwischen Verleiher und Entleiher annähernd klar umrissen sind. Dadurch ist es möglich, Einzelaussagen zu betriebsverfassungsrechtlichen Problemen zu machen. Diese Aussagen lassen dann auch Rückschlüsse auf die nicht behandelten Erscheinungsformen der aufgespaltenen Arbeitgeberstellung zu.

II. AÜG und Betriebsverfassungsrecht

Da das AÜG eine gesetzliche Sonderregelung für die Zeitarbeit gebracht hat, stellt sich vorweg die Frage, ob sich aus dem AÜG auch Lösungen für die betriebsverfassungsrechtliche Behandlung der Zeitarbeit ableiten lassen.

Wie im Vorwort des Kommentars von Franßen / Haesen[2] zutreffend festgestellt wird, ist das AÜG ein Gesetz an der Nahtstelle von Gewerberecht und Arbeitsrecht. Als Antwort des Gesetzgebers auf das Urteil des BVerfG[3] vom 4. April 1967, welches das in § 37 Abs. 3 AVAVG ent-

---

[1] Vgl. den Manteltarifvertrag zwischen dem Unternehmensverband für Zeitarbeit e. V. und der Deutschen Angestelltengewerkschaft vom 1. 4. 1976, abgedruckt in der Tarifsammlung des Bayerischen Staatsministeriums für Arbeit und Sozialordnung, TR 31-220 ab 10.

[2] Ebd. S. VII.

[3] BVerfGE 21, 261.

haltene grundsätzliche Verbot der Arbeitnehmerüberlassung als gegen Art. 12 GG verstoßend für verfassungswidrig und damit nichtig erklärt hat, wollte das Gesetz in erster Linie[4] das Verhältnis von staatlichem Arbeitsvermittlungsmonopol und gewerblicher Arbeitnehmerüberlassung, daneben aber auch den arbeitsrechtlichen Schutz der Leiharbeitnehmer regeln[5]. Die *betriebsverfassungsrechtliche* Behandlung der Leiharbeitnehmer ist deshalb nach wie vor heftig umstritten[6].

Der Ausschuß für Arbeit und Sozialordnung hielt Sonderbestimmungen für die Frage der betriebsverfassungsrechtlichen Behandlung von Leiharbeitnehmern nicht für notwendig[7], da nach dem AÜG der Verleiher echter Arbeitgeber sei mit der Folge, daß der Leiharbeitnehmer betriebsverfassungsrechtlich dem Betrieb des Verleihers zuzuordnen sei.

Während früher nach allgemein vertretener Ansicht[8] der Leiharbeitnehmer betriebsverfassungsrechtlich sowohl dem Verleiher- als auch dem Entleiherbetrieb zugerechnet wurde, ist heute umstritten, ob die Bestimmungen des AÜG, die zur Folge haben, daß der Leiharbeitnehmer echter Arbeitnehmer des Verleihers ist[9], eine *betriebsverfassungsrechtliche Regelung* enthalten, oder ob eine ausfüllungsbedürftige Lücke vorliegt[10]. Obwohl im Zeitpunkt der Beratung und Beschlußfassung des AÜG durch den Gesetzgeber das BetrVG von 1972 schon in Kraft getreten war und das AÜG zur sozialen Sicherung des Leiharbeitnehmers nach herrschender Meinung dennoch nur von einem Arbeitsver-

---

[4] Vgl. *Schubel / Engelbrecht*, S. 10.

[5] Zur historischen Entwicklung der Grenzziehung zwischen Arbeitnehmerüberlassung und staatlicher Arbeitsvermittlung vgl. *Mumot*, Diss. S. 53 ff.

[6] Vgl. zu den unterschiedlichen Ansichten: *Dietz / Richardi*, § 5 Anm. 22 ff.; *Fitting / Auffarth / Kaiser*, § 5 Anm. 7 a; GK, § 5 Anm. 14 und gegenteilige Ansicht bei § 7 Anm. 14; *Erdmann / Jürging / Kamman*, § 5 Anm. 2; *Brecht*, § 5 Anm. 5; *Becker*, BlStSozArbR 1972 S. 129 (135).

[7] Vgl. hierzu den Bericht des Abgeordneten *Jaschke* zu BT-Drucksache VI/3505 S. 4; ebenso *Marschall*, DB 1975 S. 306; kritisch hierzu *Ramm*, DB 1973 S. 1170 (1174); *ders.*, ZfA 1973 S. 263 (284 f.).

[8] BAG AP Nr. 1 zu § 6 BetrVG und BAG AP Nr. 3 zu § 4 BetrVG; *Brecht*, BetrVG, 1972, § 5 Anm. 5; *Dietz*, BetrVG, 4. Aufl. § 5 Anm. 23; *Erdmann / Jürging / Kamman*, BetrVG, 1972, § 5 Anm. 2; *Fitting / Kraegeloh / Auffarth*, BetrVG 9. Aufl., § 6 Anm. 7; *Fitting / Auffarth*, BetrVG 10. Aufl., § 5 Anm. 7; *Galperin*, Das BetrVG 1972, 1972, S. 25; *Hueck / Nipperdey*, Bd. I, S. 525; *Nikisch*, Bd. I, S. 242, 244; *Schaub*, S. 510.

[9] *Dietz / Richardi*, § 5 Anm. 25; *Franßen / Haesen*, AÜG, Einleitung Anm. 35; *Sandmann / Vielhaber*, AÜG, Art. 1, § 1 Anm. 7 a; Ausschußbericht zum AÜG, BT-Drucksache VI/3505 Seite 4; *Becker*, BlStSozArbR 1972 S. 134.

[10] Für eine abschließende Regelung: *Sandmann / Vielhaber* Art. 1 § 1 Anm. 6 u. 7 a sowie § 11 Anm. 12; ArbG Herford DB 1973 S. 727; dagegen *Franßen / Haesen*, AÜG, Einl. IV Anm. 36 f.; *G. Hueck* in seiner Anmerkung zur Entscheidung des BAG v. 14. 5. 1974 zu § 99 BetrVG, SAE 1975 S. 149; *Maurer* BB 1974 S. 512; *Mayer*, AuR 1974 S. 360; *Moritz*, BB 1972 S. 1570; *Ramm*, DB 1973 S. 1174; *Windbichler*, DB 1975 S. 739.

hältnis zum Verleiher ausgeht, regelt das AÜG nicht die betriebsverfassungsrechtliche Stellung der Leiharbeitnehmer. Das Gesetz steht nämlich stark unter dem Eindruck der vermittlungsrechtlichen Diskussion, es übergeht das Problem der betriebsverfassungsrechtlichen Stellung der Leiharbeitnehmer und läßt als „Regelungsversuch Prinzipielles offen“[11].

Der entscheidende Aspekt bei der betriebsverfassungsrechtlichen Behandlung des Leiharbeitsverhältnisses ergibt sich nicht aus dem AÜG, sondern aus allgemeinrechtlichen Überlegungen. Läßt man die Aufspaltung des Arbeitsverhältnisses zu, so darf dies nicht zum Ausschluß des individuellen und kollektiven Arbeitsrechts aus den Rechtsbeziehungen der Beteiligten führen. Unter dieser Maxime muß die betriebsverfassungsrechtliche Behandlung des Leiharbeitsverhältnisses gesehen werden.

III. Betriebsverfassungsrechtliche Behandlung der Leiharbeitnehmer im Verleiherbetrieb

1. Belegschaftsmitglied

Die betriebsverfassungsrechtliche Stellung der Leiharbeitnehmer im Verleiherbetrieb wird geprägt durch das bestehende Arbeitsverhältnis zwischen Verleiher und Leiharbeitnehmer. Auch wenn ein Teil dieses Arbeitsverhältnisses abgetrennt wird, so ist der Leiharbeitnehmer dennoch als Belegschaftsmitglied des Verleiherbetriebs zu behandeln. Dies erfordert das Gebot, dem Leiharbeitnehmer aus der Aufspaltung des Arbeitsverhältnisses keine ungerechtfertigten Nachteile erwachsen zu lassen. Es bedarf beim Verleiherbetrieb der Errichtung von Betriebsräten, um eine Leiharbeitnehmerrepräsentation als Gegengewicht zur Arbeitgeberstellung zu sichern.

Im einzelnen sind die Leiharbeitnehmer nach § 1 BetrVG bei der Prüfung der *Betriebsratsfähigkeit* mitzuzählen. Sie haben *aktives*, § 7 BetrVG, und *passives*, § 8 BetrVG, *Wahlrecht*. Da die Betriebe, welche gewerbliche Arbeitnehmerüberlassung betreiben, von den Leiharbeitnehmern geprägt werden, sind letztere selbstverständlich auch bei der *Berechnung der Betriebsratssitze* nach § 9 BetrVG zu berücksichtigen. Bei der *Freistellung von Betriebsratsmitgliedern* nach § 38 BetrVG ist die Zahl der Leiharbeitnehmer ebenfalls zu berücksichtigen, denn der Betriebsrat ist auch für die Betreuung der Leiharbeitnehmer zuständig.

---

[11] *Mayer-Maly*, ZfA 1972 S. 30 f. mit Hinweisen auf die österreichische Rechtslage (Fußn. 123). Grundsätzliche Ausführungen zur Situation der Legislative vgl. *Kübler*, Kodifikation und Demokratie, JZ 1969 S. 645 ff. Er hält die Krise der Gesetzgebung für eine Normalität in einer demokratisch verfaßten Industriegesellschaft. Zu dieser Normalität gehöre der fragmentarische und periodische Charakter der Gesetze.

Schließlich können die Leiharbeitnehmer auch an *Betriebsversammlungen* teilnehmen. Auch wenn der Verleiharbeitgeber nicht alle Arbeitgeberfunktionen wahrnimmt und der Leiharbeitnehmer seine Arbeitsleistung außerhalb des Verleiherbetriebs erbringt, so wird der Leiharbeitnehmer dennoch von den Themen der Betriebsversammlung unmittelbar betroffen. Die Leiharbeitnehmer prägen nämlich den Charakter der gewerblichen Verleiherbetriebe.

2. Mitwirkung und Mitbestimmung

Der Umfang der Mitwirkungs- und Mitbestimmungsrechte, welche im Verleiherbetrieb ausgeübt werden können, folgt dem Regel-Ausnahme-Prinzip. Im Verleiherbetrieb können grundsätzlich alle Beteiligungsrechte wahrgenommen werden, soweit diese nicht auf Grund der Aufspaltung des Arbeitsverhältnisses sinnvoller Weise nur im Entleiherbetrieb wahrgenommen werden können. Das eingehend abzuhandelnde Problem stellt also die Frage dar, welche Mitwirkungs- und Mitbestimmungsrechte ausschließlich im Entleiherbetrieb verfolgt werden können, daraus sind dann Rückschlüsse auch auf den Verleiherbetrieb möglich. Auf diesen Problembereich soll später eingegangen werden. An dieser Stelle sollen deshalb nur einige augenfällige Besonderheiten bei der Anwendung der Beteiligungsrechte im Verleiherbetrieb dargestellt werden.

a) Individualrechtliche[12] Befugnisse der Leiharbeitnehmer

Die Leiharbeitnehmer können die Individualrechte nach §§ 81 ff. BetrVG im Verleiherbetrieb geltend machen. Sie haben ein Anhörungs-, Erörterungs- und Beschwerderecht gegenüber dem Verleiher.

Aus § 81 II BetrVG können die Leiharbeitnehmer ein Recht herleiten, bei geplantem Einsatz an einem anderen Arbeitsplatz unterrichtet zu werden. Nach allgemeiner Auffassung[13] fällt eine Veränderung, wie sie die mit der Entleihe verbundene Veränderung des Arbeitsplatzes darstellt, unter § 81 II BetrVG. Der Leiharbeitnehmer ändert bei jeder Entleihe seine räumliche, technische und funktionelle Umgebung und wird einem neuen Betrieb zugeordnet. Das Unterrichtungsrecht wird aber tatsächlich beschränkt sein, da die Informationen des Verleihers über den neuen Arbeitsplatz auch nur lückenhaft sein werden.

Nach § 82 I BetrVG kann der Leiharbeitnehmer zu jeder Überlassung Stellung nehmen.

---

[12] Vgl. zum individualrechtlichen Charakter der §§ 81 ff. BetrVG: *Dietz / Richardi,* Vorbem. vor § 81 Anm. 1 f.

[13] Vgl. *Dietz / Richardi,* § 81 Anm. 4; *Wiese* in GK, § 81 Anm. 4; *Fitting / Auffarth / Kaiser,* § 81 Anm. 3.

Da Personalakten, wenn überhaupt, so nur beim Verleiher geführt werden, kann ihm gegenüber das Recht aus § 83 BetrVG auf Einsicht geltend gemacht werden.

b) Kollektivrechtliche Beteiligungsrechte

Hinsichtlich der Mitbestimmung in personellen und sozialen Angelegenheiten ergeben sich mit einer Ausnahme keine Besonderheiten.

Nach § 99 BetrVG greift die Mitbestimmung bei personellen Einzelmaßnahmen auch bei *Versetzungen* ein. Wegen § 3 I Nr. 6 AÜG darf der gewerbliche Verleiher einem Entleiher denselben Leiharbeitnehmer nicht länger als drei Monate überlassen. Die Leiharbeitnehmer werden also ständig in verschiedenen Entleiherbetrieben eingesetzt. Dabei könnte es sich jeweils um mitbestimmungspflichtige Einzelmaßnahmen handeln. Für den Verleiherbetrieb könnte sich dies eventuell als Versetzung[14] darstellen mit der Folge, daß nach der Ausgestaltung des § 99 BetrVG der Betriebsrat vom Arbeitgeber von jeder Versetzung zu unterrichten wäre. Der Betriebsrat hätte ferner ein in Form eines positiven Konsensprinzips ausgestaltetes Mitbestimmungsrecht. Er dürfte allerdings seine Zustimmung nur nach den in § 99 II BetrVG erschöpfend aufgezählten Gründen verweigern.

Entsprechend der Legaldefinition in § 95 III BetrVG ist unter Versetzung die Zuweisung eines anderen Arbeitsbereichs zu verstehen, die voraussichtlich die Dauer eines Monats überschreitet oder die mit einer erheblichen Änderung der Umstände verbunden ist, unter denen die Arbeit zu leisten ist. In § 95 III S. 2 BetrVG wird jedoch ausdrücklich vom Versetzungsbegriff ausgenommen, wenn Arbeitnehmer nach der Eigenart ihres Arbeitsverhältnisses üblicherweise nicht ständig an einem bestimmten Arbeitsplatz beschäftigt werden. Das Arbeitsverhältnis des Leiharbeitnehmers ist auf Grund gesetzlicher Notwendigkeit nach seinem Inhalt gerade darauf ausgerichtet, daß ein ständiger Wechsel des Entleiherbetriebs erfolgt. Da es sich also beim wechselnden Einsatz des Leiharbeitnehmers um keine Versetzungen handelt, besteht für den Entleiherbetriebsrat kein Unterrichtungs- und Mitbestimmungsrecht nach § 99 BetrVG.

IV. Betriebsverfassungsrechtliche Behandlung der Leiharbeitnehmer im Entleiherbetrieb

Die betriebsverfassungsrechtliche Behandung der Leiharbeitnehmer im Entleiherbetrieb ist unter zwei Aspekten zu betrachten: Soweit das

[14] So *Mumot,* Diss. S. 69; abwegig die Annahme einer Umgruppierung vgl. dazu *Dietz / Richardi,* § 99 Anm. 22, mit weiteren Nachweisen.

Betriebsverfassungsgesetz alle im Betrieb tätigen Personen erfaßt, erstreckt es sich selbstverständlich auch auf Leiharbeitnehmer. Soweit jedoch die Anwendbarkeit des Betriebsverfassungsgesetzes die Belegschaftsangehörigkeit der Betroffenen voraussetzt, ist im Einzelfall zu prüfen, ob der Normzweck der jeweiligen Gesetzesregelung eine analoge Anwendung auch auf die Leiharbeitnehmer erfordert.

1. § 75 I BetrVG

Gem. § 75 I BetrVG hat der Arbeitgeber und der Betriebsrat darüber zu wachen, daß *alle im Betrieb tätigen Personen* nach Recht und Billigkeit behandelt werden. Gemäß dieser „Magna Charta der Betriebsverfassung“[15] hat der Betriebsrat auch ein eingeschränktes Mandat für zwar zur Betriebsgemeinschaft, nicht aber zur Belegschaft gehörende Personen, wie es die Leiharbeitnehmer sind.

2. Wahlrecht

a) Bedeutung

Das Wahlrecht, welches vom Gesetzgeber gem. §§ 7, 8 BetrVG an die Arbeitnehmereigenschaft geknüpft wurde, beinhaltet in erster Linie die aktive und die passive Wahlberechtigung zum Betriebsrat. Darüber hinaus ist die Wahlberechtigung aber gleichzeitig Ansatzpunkt für die Geltung und Ausformung kollektiver Rechte. So setzt die Betriebsfähigkeit eines Betriebs nach § 1 BetrVG voraus, daß in der Regel wenigstens fünf ständige *wahlberechtigte* Arbeitnehmer beschäftigt werden. Die Wahlberechtigten haben nach § 14 II BetrVG darüber abzustimmen, ob eine Gemeinschafts- oder Gruppenwahl stattfindet usw.[16].

b) Aktives Wahlrecht

Die Frage nach dem aktiven Wahlrecht der regelmäßig im Vergleich zur Belegschaft geringen Zahl von Leiharbeitnehmern ist nicht ohne jede Bedeutung. Ist auch das aktive Wahlrecht der Leiharbeitnehmer für den Ausgang der Wahlen meist ohne Einfluß, so bedarf das Problem dennoch der grundsätzlichen Entscheidung. Eine allzu große Bagatellisierung ist auch deshalb nicht am Platze, weil nach § 19 BetrVG für eine Wahlanfechtung bereits die Möglichkeit eines anderen Wahlausgangs ausreicht.

Mit dem Verneinen der Arbeitnehmereigenschaft der Leiharbeitnehmer ist noch keineswegs auch die Entscheidung über das aktive Wahl-

---

[15] *Dietz / Richardi*, § 75 Anm. 1.

[16] Vgl. dazu die §§ 16 II, 17 II, III, 18 I, 19 II, 23 I, 43 II, 99, 111 BetrVG.

recht gefallen. Nach der Konzeption des Betriebsverfassungsgesetzes sollen im Wege einer Mitbestimmung mittels Repräsentationsorgans die Auswirkungen der Fremdbestimmung in unserer arbeitsteiligen Wirtschaftsordnung gemildert werden. Der Fremdbestimmung durch den Entleiherarbeitgeber sind aber auch die Leiharbeitnehmer unterworfen. Es stellt sich deshalb die Frage, ob der Betriebsrat für sein Tätigwerden für und gegenüber den Leiharbeitnehmern *deren Legitimation bedarf*. Wie *Ramm*[17] und *Kraft*[18] mit Recht bemerken, besteht mit Steigen der Schutzaufgabe ein zunehmendes Interesse der Leiharbeitnehmer, bei der Wahl mitzuwirken. Auch ist zutreffend, daß das Gesetz in § 7 BetrVG nicht auf eine bestimmte Betriebszugehörigkeitsdauer abstellt.

Auf der anderen Seite darf nicht verkannt werden, daß der Betriebsrat in wichtigen Bereichen in sozialen, personellen und wirtschaftlichen Angelegenheiten ausschließlich für die Belegschaft tätig wird[19]. Soweit dem aktiven Wahlrecht der Leiharbeitnehmer für den Wahlausgang überhaupt Bedeutung zukommt, würde bei einem aktiven Wahlrecht der Leiharbeitnehmer die Zusammensetzung des Betriebsrats für diese Fälle aber nicht das Kräfteverhältnis der *ausschließlich* von den Entscheidungen betroffenen Belegschaft widerspiegeln. So ist als Ergebnis festzuhalten, daß sowohl die Einräumung des Wahlrechts — was von ihren Befürwortern verkannt wird — als auch die Versagung zu gewissen Unbilligkeiten führt. Hält man sich aber vor Augen, daß die Einräumung von Beteiligungsrechten des Entleiherbetriebsrats gegenüber den Leiharbeitnehmern bereits zu einem weitgehenden Schutz dieses Personenkreises führt, die Leiharbeitnehmer wegen ihrer regelmäßig drei Monate nicht übersteigenden Beschäftigungsdauer nur mangelhafte Belegschafts- und damit Wahlbewerberkenntnisse haben werden und schließlich bei einer Gesamtgewichtung der Großteil der Betriebsratstätigkeit die Leiharbeitnehmer nicht erfaßt, so ist die Einräumung eines aktiven Wahlrechts im Interesse des Vorrangs des Votums der Belegschaft abzulehnen[20].

Gegen diese Auffassung kann nicht eingewandt werden, mangels eines aktiven Wahlrechts der Leiharbeitnehmer fehle dem Entleiher-

---

[17] DB 1973 S. 1174.

[18] Anm. zur BAG-Entscheidung in AP Nr. 2 zu § 99 BetrVG 1972 Bl. 723 R.

[19] Vgl. dazu § 7 IV.

[20] So im Ergebnis auch *Becker / Kreikebaum*, Zeitarbeit S. 173; *Bulla*, DB 1975 S. 1796; *Fitting / Auffarth / Kaiser*, § 5 Anm. 7 a; *Rummel*, in seiner Besprechung des Kommentars von Franßen / Haesen zum AÜG, RdA 1975 S. 319; *Schubel / Engelbrecht*, AÜG, Art. 1 § 12 Anm. 27; Bericht des Abgeordneten *Jaschke* zu BT-Drucksache VI/3505, a. A. *Franßen / Haesen*, AÜG, Einl. Anm. 37; *Kraft* in GK, § 5 Anm. 14 nicht eindeutig; aber *ders.* völlig klar in der Anm. zum Urteil des BAG in AP Nr. 2 zu § 99 BetrVG 1972 Bl. 723 R; *Mumot*, Diss. S. 159 ff.; *Ramm*, DB 1973 S. 1174.

betriebsrat die *Legitimation,* Beteiligungsrechte für diesen Personenkreis wahrzunehmen. Zwar ist im Grundsatz richtig, daß der Betriebsrat durch Wahl seine Legitimation erhält. Das Betriebsverfassungsrecht kennt aber Fälle, wo der Betriebsrat Arbeitnehmer repräsentiert, ohne von ihnen gewählt zu sein. Dies trifft für nach der Betriebsratswahl neu in den Betrieb gekommene Arbeitnehmer zu sowie für Arbeitnehmer unter 18 Jahren, welche gem. § 7 BetrVG nicht aktiv wahlberechtigt sind, dennoch aber im Wege der Gesamtrepräsentation vom Betriebsrat repräsentiert werden. Die Jugendvertretung ist nicht eigenständiger Repräsentant der Jugendlichen[21]. Obwohl die Leiharbeitnehmer im Entleiherbetrieb nicht wahlberechtigt sind, bedeutet es deshalb keinen Bruch mit den Grundsätzen des Betriebsverfassungsrechts, wenn der Betriebsrat auch für sie tätig wird.

c) *Passives Wahlrecht*

In seiner Entscheidung zu § 99 BetrVG hat das BAG[22] festgestellt, daß die *Wählbarkeit von Leiharbeitnehmern nach dem AÜG* bereits an dem Erfordernis der sechsmonatigen Betriebszugehörigkeit (§ 8 I S. 1 BetrVG) scheitert. Gegen die seiner Ansicht nach apodiktische Verneinung des passiven Wahlrechts durch das BAG wendet sich Kraft in seiner Besprechung der Entscheidung in der AP. Unter Berufung auf eine Entscheidung des Arbeitsgerichts Lörrach[23] vom 7. 4. 1972 will er den Gedanken des § 8 II BetrVG berücksichtigt wissen.

Der Auffassung von Kraft kann jedoch nicht gefolgt werden. Zum einen befaßt sich die von Kraft zitierte Entscheidung ausschließlich mit dem Begriff des Arbeitnehmers in § 7 BetrVG, nicht aber mit der Dauer der Betriebszugehörigkeit nach § 8 BetrVG. Zum anderen überzeugt auch das inhaltliche Argument von Kraft nicht. Auf die gewerblich überlassenen Leiharbeitnehmer ist die Regelvorschrift des § 8 I BetrVG und nicht die Ausnahmevorschrift des § 8 II BetrVG anzuwenden.

Die Dauer der Betriebszugehörigkeit soll gewährleisten, daß der zu wählende Arbeitnehmer den zur Ausübung seines Amtes notwendigen Überblick über die Verhältnisse des Betriebs gewonnen hat[24]. § 8 II BetrVG verlangt für Leiharbeitnehmer insofern keine abweichende Beurteilung. Nach § 8 II BetrVG wird bei Neuerrichtung, um die Errichtung einer Arbeitnehmerrepräsentanz überhaupt erst zu ermöglichen,

---

[21] *Dietz / Richardi,* Vorbem. vor § 60 Anm. 6.

[22] AP Nr. 2 zu § 99 BetrVG 1972; zustimmend *Bulla,* DB 1975 S. 1795 ff. (1797).

[23] Abgedruckt in DB 1972 S. 1026 und nicht im Betriebs-Berater, wie von Kraft zitiert.

[24] Begründung des Regierungsentwurfs S. 37.

darauf Rücksicht genommen, daß häufig kein Arbeitnehmer die Voraussetzungen des § 8 I BetrVG erfüllt. Bei Einsatz von Leiharbeitnehmern besitzt hingegen regelmäßig ein Großteil der Belegschaft das passive Wahlrecht. Zum anderen ist bei Neuerrichtung eines Betriebs, anders als bei nach dem AÜG überlassenen Leiharbeitnehmern, die Beschäftigung regelmäßig auf unbestimmte Zeit und nicht nur auf höchstens drei Monate ausgerichtet.

Die Einräumung eines passiven Wahlrechts für Leiharbeitnehmer würde daneben auch zu ganz unbefriedigenden Ergebnissen führen. Die Leiharbeitnehmer würden nach kurzer Ausübung des Betriebsratsamts ausscheiden mit der Folge, daß nach § 25 BetrVG Ersatzmitglieder der gleichen Vorschlagsliste nachrücken müßten. Da nach einer im Vergleich zur dreijährigen Amtszeit (§ 21 BetrVG) sehr kurzen Zeit alle Leiharbeitnehmer, die auf einer Liste sind, aus dem Betrieb ausscheiden würden, neue Leiharbeitnehmer aber nicht nachträglich auf die Liste könnten, würde zwangsläufig relativ rasch *doch eine Repräsentanz durch Nichtleiharbeitnehmer* erfolgen.

Leiharbeitnehmer, welche entgegen der erklärten Zielsetzung des AÜG *länger als sechs Monate* dem Betrieb angehören, haben hingegen nach der Wertung des Gesetzgebers von der Beschäftigungsdauer her ausreichend die Möglichkeit, sich den notwendigen Überblick über den Betrieb zu verschaffen. Diese Beschäftigungsdauer wird in der Regel aber auch zu einer besonders ausgeprägten Arbeitgeberposition des Entleihers führen, so daß die Leiharbeitnehmer gleichfalls ausreichend die Möglichkeit besitzen, sich inhaltlich mit der konkreten Ausgestaltung der betrieblichen Arbeitgeberstellung auseinanderzusetzen. In diesen Fällen ist es angezeigt, § 8 BetrVG analog anzuwenden[25].

3. Betriebsratsfähigkeit, Größe des Betriebsrats und Freistellung von Betriebsratsmitgliedern

Den Vorschriften, welche die Betriebsratsfähigkeit eines Betriebs, die Zahl der Betriebsratsmitglieder und deren Freistellung von beruflicher Tätigkeit regeln (§§ 1, 9, 38 BetrVG), ist gemeinsam, daß sie alle auf die Zahl der in der Regel beschäftigten Arbeitnehmer abstellen[26]. Die gewerblich überlassenen Leiharbeitnehmer gehören, unabhängig von der Frage, ob sie betrieblichen Arbeitnehmern gleichzustellen sind, nicht zu diesem Kreis. Sie werden im Entleiherbetrieb nur ausnahmsweise beschäftigt etwa bei Erkrankung oder Urlaub des Stammpersonals sowie bei kurzfristigen personellen Engpässen. Die Leiharbeitneh-

---

[25] Im Ergebnis ebenso *Bulla*, DB 1975 S. 1797.

[26] Zum Problem der Zahl der regelmäßig Beschäftigten vgl. auch BAG, DB 1977 S. 357.

mer spielen also weder für die Betriebsratsfähigkeit des Entleiherbetriebs noch für die Zahl der Betriebsratssitze, noch für die Freistellung von Betriebsratsmitgliedern von beruflicher Tätigkeit eine Rolle.

4. Betriebsversammlung

Während *Ramm*[27] die Ansicht vertritt, daß Leiharbeitnehmer nicht von der Erörterung von Problemen ausgeschlossen werden dürfen, die sich aus der Arbeitsverrichtung ergeben und deshalb ein Teilnahmerecht der Leiharbeitnehmer an Betriebsversammlungen bejaht, ist zu differenzieren. Soweit der Themenbereich der Betriebsversammlung die Leiharbeitnehmer berührt, besteht ein den betrieblichen Arbeitnehmern gleichgelagertes Interesse an einer Teilnahme. Diese Teilnahme hat sich bei einer Tagesordnung, welche nur teilweise Leiharbeitnehmerfragen betrifft, auf diese Tagesordnungspunkte zu beschränken. Im übrigen überwiegt das ökonomische Interesse des Arbeitgebers an der Arbeitsleistung der Leiharbeitnehmer.

5. Individualrechte

Durch die §§ 81 ff. BetrVG wurden erstmals vom Gesetzgeber Individualrechte der Arbeitnehmer in der Betriebsverfassung anerkannt[28]. Gleichgültig, ob man mit Wiese[29] in der gesetzlichen Regelung der §§ 81 ff. BetrVG keine Einschränkung des Anwendungsbereichs der Individualrechte sieht oder der gegenteiligen Ansicht Hanaus[30] folgt, dienen diese Vorschriften dem Zweck, dem Arbeitnehmer „rund um seinen Arbeitsplatz" ein unmittelbares Mitsprache- und Mitwirkungsrecht einzuräumen[31]. Die §§ 81 ff. BetrVG dienen also unmittelbar der Einschränkung der Arbeitgeberstellung. Soweit die Arbeitgeberstellung des Entleihers ihre Anwendung erfordert, gelten sie analog[32] auch für Leiharbeitnehmer.

---

[27] DB 1973 S. 1174.

[28] Zur Kritik dieser Bestimmungen: *Galpin*, BB 1972, S. 138; *Hanau*, BB 1971, S. 488; *Mertz*, RdA 1971, S. 205.

[29] RdA 1973, S. 7; *ders.*, in: GK vor § 81 Anm. 22; so auch *Fitting / Auffarth / Kaiser*, § 81 Anm. 1.

[30] BB 1971, S. 488; so auch *Richardi*, in: Dietz / Richardi, Vorbem. zu § 81 Anm. 1.

[31] BT-Drucksache VI/1786, S. 47.

[32] Für eine Anwendung, allerdings mit anderer Begründung: *Becker*, AÜG, Art. 1 § 11 Rdn. 39 f.; *Franßen / Haesen*, AÜG, Einl. IV, S. 39; BAG, AP Nr. 2 zu § 99 BetrVG 1972.

a) § 81 BetrVG

Der Entleiher konkretisiert durch sein Weisungsrecht die Arbeitspflicht des Leiharbeitnehmers[33], weil die Arbeitsleistung des Leiharbeitnehmers im Betrieb und am Arbeitsplatz des Entleihers erfolgt. Letzterer, nicht der Verleiher, weiß um den arbeitstechnischen Zweck des Betriebs und die Unfall- und Gesundheitsgefahren, er steuert den Arbeitsablauf. § 81 BetrVG ist deshalb auf Leiharbeitnehmer im Entleiherbetrieb analog anzuwenden. Über Veränderungen im Arbeitsbereich, welche durch einen neuen Einsatz bei einem anderen Entleiher hervorgerufen werden, obliegt die Unterrichtungspflicht dem Verleiher.

b) § 82 BetrVG

Da unter betrieblichen Angelegenheiten in § 82 I BetrVG sowohl formelle als auch materielle Arbeitsbedingungen, aber auch die Angelegenheiten, über die der Arbeitgeber nach § 81 BetrVG zu unterrichten hat, gemeint sind[34], ist auch eine Analogie zu § 82 I BetrVG möglich[35].

Für eine analoge Anwendung des § 82 II BetrVG ist allerdings kein Raum. Die Entgeltberechnung für die Leiharbeitnehmer erfolgt durch den Verleiher (vgl. § 6 Nr. 4 des Manteltarifvertrags), eine berufliche Entwicklung im Entleiherbetrieb ist wegen des Dreimonatslimits ausgeschlossen und auch die Leistungsbeurteilung erfolgt durch den Verleiher.

c) §§ 83, 84, 85 BetrVG

Da Personalakten wegen der Beschäftigungsdauer nie im Entleiherbetrieb geführt werden, scheidet eine Anwendung von § 83 BetrVG aus.

Die Arbeitgeberstellung des Entleihers macht es hingegen notwendig, §§ 84, 85 BetrVG auch gegenüber Leiharbeitnehmern anzuwenden. Die Gesetzesteleologie zielt darauf ab, die Stellung des Arbeitnehmers am Arbeitsplatz zu verbessern. Den Arbeitsplatz stellt aber kurzfristig der Entleiher. Er ist es auch, der die „Feinsteuerung“ des Leiharbeitnehmers am Arbeitsplatz vornimmt[36].

---

[33] Vgl. dazu § 2 Nr. 1 Absatz 2 des Manteltarifvertrags, a.a.O.

[34] *Dietz / Richardi*, § 82 Anm. 2; anderer Ansicht *Erdmann / Jürging / Kamman*, § 82 Anm. 2, der den Begriff im wesentlichen auf betriebliche Organisation und Arbeitsabläufe beschränkt.

[35] So im Ergebnis auch *Becker*, AÜG, § 11 Anm. 40; *Ramm*, DB 1973, S. 1174.

[36] Vgl. auch das im Ergebnis gleiche obiter dictum des BAG, AP Nr. 2 zu § 99 BetrVG 1972; *Becker*, AÜG, § 11 Anm. 40; *Ramm*, DB 1973, S. 1174; *Sandmann / Vielhaber*, AÜG, § 11 Anm. 12.

6. Mitwirkung und Mitbestimmung des Entleiherbetriebsrats in sozialen Angelegenheiten

Ist die Arbeitgeberstellung auch Grund und Ansatzpunkt für die betriebliche Mitbestimmung, so unterliegt die Beschränkung der Arbeitgeberstellung durch das Betriebsverfassungsgesetz ganz unterschiedlichen Zielvorstellungen. Dienen die in den §§ 81 ff. BetrVG gesetzlich fixierten Individualrechte unmittelbar dem Interesse des Einzelarbeitnehmers, so muß bei den Beteiligungsrechten des Betriebsrats ein Ausgleich zwischen oftmals divergierenden Arbeitgeber-, Belegschafts- und Arbeitnehmerindividualinteressen gefunden werden. Die Frage nach einer analogen Anwendung der Beteiligungsrechte des Betriebsrats auf Leiharbeitnehmer im Entleiherbetrieb ist deshalb unter Ansatz bei der ausgeübten Arbeitgeberstellung sowohl unter dem Aspekt des *Belegschaftsinteresses* als auch des *Individualinteresses des Leiharbeitnehmers* zu untersuchen.

a) § 87 I Nr. 1 BetrVG, Fragen der Ordnung des Betriebs und des Verhaltens der Arbeitnehmer im Betrieb

Bei diesem Bereich der sozialen Angelegenheiten, welcher wegen seiner grundlegenden Bedeutung an den Anfang des § 87 I BetrVG gestellt wurde, ist, um den Betriebszweck und Betriebsfrieden zu gewährleisten, eine einheitliche Regelung für Belegschaft und Leiharbeitnehmer notwendig. Das Mitbestimmungsrecht bezieht sich inhaltlich ausschließlich auf Maßnahmen, die das Verhalten des Arbeitnehmers im Hinblick auf die äußere Ordnung des Betriebs berührt[37], nicht aber auf den eigentlichen Arbeitsablauf, d. h. die arbeitstechnische Organisation oder die unternehmerische Entscheidung. In den Bereich des Mitbestimmungsrechts fallen beispielsweise ein Rauchverbot[38], Bekleidungsvorschriften und die Regelung der Kleiderablage, das Verbot der Verbreitung von Propagandamaterial, Torkontrollen, Leibesvisitationen[39], das Abstellen von Fahrzeugen, das Meldewesen, die Anwesenheitskontrolle (Einführung von Stechuhren, Bestimmungen über Krankheitsmeldung) und Vorschriften über die Behandlung von Arbeitsmaterial sowie zur Verhütung von Unfällen.

All diese Maßnahmen stehen im unmittelbaren Zusammenhang mit dem konkreten Arbeitsplatz. Sie werden deshalb auch vom Entleiher

---

[37] *Dietz / Richardi*, § 87 Anm. 105 mit weiteren Nachweisen; *Fitting / Auffahrth / Kaiser*, § 87 Anm. 17; *Wiese*, in: GK, § 87 Anm. 55.

[38] Vgl. hierzu *Dietz / Richardi*, § 87 Anm. 109, 110, 113 mit weiteren Nachweisen.

[39] Zu deren Zulässigkeit vgl. *Hueck / Nipperdey*, Bd. I, S. 240; *ders.*, RdA 1950, S. 137; *Nikisch*, Bd. I, S. 257.

kraft dessen Direktionsrecht gegenüber dem Leiharbeitnehmer angeordnet. Das *Interesse der Leiharbeitnehmer,* die ansonsten auf diesem wichtigen Gebiet der sozialen Angelegenheiten der unumschränkten Arbeitgeberregelungsmacht ausgesetzt wären, erfordert, daß sich das Mitbestimmungsrecht des Betriebsrats insoweit auch auf die Leiharbeitnehmer erstreckt. Außerdem besteht auch ein erhebliches *Interesse der Belegschaft,* Ordnungsvorschriften möglichst für alle im Betrieb Tätigen einheitlich zu gestalten. Eine Verletzung des Gemeinschaftsinteresses läge mit Sicherheit dann vor, wenn der Arbeitgeber etwa Leiharbeitnehmer aus bestehenden Alkohol- oder Rauchverboten oder Unfallverhütungsvorschriften ausnehmen könnte. Diese Anordnungen haben ja auch drittschützenden Charakter. Z. B. wird die Belegschaft ein elementares Interesse daran haben, daß ein Leiharbeitnehmer nur unter Beachtung der Sicherheitsvorschriften mit explosionsgefährlichen Schweißgeräten umgeht.

Zusammenfassend läßt sich also feststellen, daß auf Grund der Ausgestaltung der Arbeitgeberstellung beim Entleiher sowohl im Interesse der Leiharbeitnehmer als auch der Belegschaft eine Erstreckung des Mitbestimmungsrechts nach § 87 I Nr. 1 BetrVG auf die Leiharbeitnehmer erforderlich ist.

Dem Mitbestimmungsrecht des Betriebsrats nach § 87 I Nr. 1 BetrVG unterfallen auch Vorschriften, welche bei Verstößen gegen die betriebliche Ordnung Betriebsbußen[40] vorsehen und die Verhängung der Buße im Einzelfall[41]. Problematisch ist, ob Betriebsbußen, welche sich auch oder ausschließlich auf Leiharbeitnehmer erstrecken, erlassen werden können. Nachdem heute überwiegend vertreten wird, daß die Betriebsbuße keine Vertragsstrafe ist, sondern ähnlich wie die Vereinsstrafe eine autonome Satzungsstrafe darstellt, ergeben sich für die h. M. bei der analogen Anwendung des § 87 I Nr. 1 BetrVG keine Schwierigkeiten aus dem im Verhältnis zwischen Entleiher und Leiharbeitnehmer fehlendem vollständigen Vertragsverhältnis. Das Mitbestimmungsrecht des Betriebsrats kann also nach der h. M. auch auf die Aufstellung einer Betriebsbußenordnung erstreckt werden[42].

Die Anerkennung einer autonomen betrieblichen Strafgewalt steht aber im Widerspruch zu der rechtlichen Grundordnung des Arbeitsverhältnisses[43]. Das Arbeitsrecht wird vom Kontraktsrecht und nicht

---

[40] Vgl. *Dietz / Richardi,* § 87 Anm. 115 mit weiteren Nachweisen.

[41] So selbst *Fitting / Auffarth / Kaiser,* § 87 Anm. 19; *Wiese,* in: GK, § 87 Anm. 66 mit weiteren Nachweisen.

[42] Zu dem Streit um die Rechtsgrundlage für eine betriebliche Strafgewalt vgl. *Dietz / Richardi,* § 87 Anm. 119 ff. mit ausführlicher Darstellung des Streitstandes.

[43] Vgl. dazu *U. Luhmann,* Betriebsjustiz und Rechtsstaat, 1975 = Vertragsrechtliche Sanktionen und betriebliche Strafgewalt bei Ordnungsverstößen im Arbeitsverhältnis, Diss. Regensburg 1973.

vom Statusrecht beherrscht[44]. Es ist zu prüfen, ob deshalb eine *betriebliche Strafgewalt des Entleiherbetriebs gegenüber Leiharbeitnehmern überhaupt ausgeschlossen ist.* Betriebsbußen können nur als Vertragsstrafen gewertet werden und behalten ihren Charakter, selbst wenn sie durch Betriebsvereinbarungen geregelt werden[45]. Zwar sind zweiseitige vertragliche Vereinbarungen zwischen Verleiher und Entleiher über eine betriebliche Strafgewalt zu Lasten Dritter in unserer Rechtsordnung nicht möglich, auf Grund der partiellen Vertragsübernahme durch den Entleiher kommen jedoch auch vertragliche Rechtsbeziehungen zwischen Entleiher und Leiharbeitnehmer zustande. Eine Mitbestimmung des Betriebsrats bei der Aufstellung einer Betriebsbußenordnung ist also nach der Mindermeinung möglich.

b) § 87 I Nr. 2 und 3 BetrVG, Beginn und Ende der täglichen Arbeitszeit sowie Verteilung der Arbeitszeit auf die einzelnen Wochentage; vorübergehende Verkürzung oder Verlängerung der betriebsüblichen Arbeitszeit

Gegenstand des Mitbestimmungsrechts nach § 87 I Nr. 2 und 3 BetrVG ist ein Teilbereich der Arbeitszeit. Es stellt sich die Frage, in welchem Umfang der Entleiher kraft seiner Arbeitgeberstellung die Gestaltung der Arbeitszeit, wie sie in Nr. 2 und 3 des § 87 I BetrVG angesprochen ist, übernimmt. Sowohl die Dauer[46] als auch die Verteilung der Arbeitszeit auf die Wochentage richtet sich entsprechend den vorliegenden Musterverträgen nach den arbeitsrechtlichen Regelungen zwischen Verleiher und Leiharbeitnehmer. Aus § 2 Nr. 1 Absatz 2 des Manteltarifvertrags kann weiter geschlossen werden, daß zumindest für die tariflich gebundenen Leiharbeitnehmer die Bestimmung der Arbeitszeit insgesamt im Verhältnis zwischen Verleiher und Leiharbeitnehmer erfolgt[47]. Nach dieser Bestimmung können Änderungen der Arbeitsdauer und Arbeitszeit nur zwischen Verleiher und Leiharbeitnehmer vereinbart werden. Was aber für die Änderung gilt, wird in gleichem Maße für die Festsetzung gelten.

Mit Recht können aber Bedenken dagegen erhoben werden, ob auch, *soweit keine tarifliche Bindung vorliegt,* Beginn und Ende der täglichen Arbeitszeit einschließlich der Pausen oder eine vorübergehende Verkürzung oder Verlängerung der betriebsüblichen Arbeitszeit immer

---

[44] Vgl. *Richardi,* Kollektivgewalt und Individualwille, S. 306 ff.; *ders.,* RdA 1970, S. 209.

[45] Vgl. *Dietz / Richardi,* § 87 Anm. 138; *Baur,* JZ 1965, S. 165; *Weitnauer,* Festschrift für Reinhardt, S. 190, 193.

[46] Vgl. auch § 3 Nr. 1 des Manteltarifvertrags zwischen der DAG und dem Unternehmensverband für Zeitarbeit e. V., abgedruckt a.a.O.

[47] So auch *Mumot,* Diss., S. 125 f.

durch den Verleiher erfolgt. Oftmals wird es so sein, daß Leiharbeitnehmer für ausgefallene betriebliche Arbeitnehmer eingesetzt werden oder sich aus sonstigen Gründen zwangsläufig dem betrieblichen Arbeitsablauf anpassen müssen. In diesen Fällen wird der Entleiher bei Arbeitszeitänderungen von der naheliegenden Möglichkeit der Ausübung seines Direktionsrechts Gebrauch machen, statt sich erst mit dem Verleiher in Verbindung zu setzen. Dann ist auch § 87 I Nr. 2 und 3 BetrVG analog anwendbar.

c) § 87 I Nr. 4 und 5 BetrVG, Zeit, Ort und Art der Auszahlung der Arbeitsentgelte

Die Entgeltzahlung erfolgt nur durch den Verleiher. Gem. § 11 Nr. 6 AÜG ist bereits im Arbeitsvertrag zwischen Verleiher und Leiharbeitnehmer die Zahlungsweise zu vereinbaren. Wie aus § 2 Nr. 3 des Manteltarifvertrags für Zeitarbeitnehmer hervorgeht, bestätigt der Entleiher nur durch Stempel und Unterschrift dem Leiharbeitnehmer die täglich geleisteten Stunden. Eine Mitbestimmung des Entleiherbetriebsrats scheidet damit in diesem Bereich aus.

d) § 87 I Nr. 5, Urlaubsregelungen

Aus den Besonderheiten des Leiharbeitsverhältnisses ergibt sich ohne weiteres, daß allgemeine Urlaubsgrundsätze und Urlaubspläne des Entleiherbetriebs für den Leiharbeitnehmer ohne Bedeutung sind[48]. Die Urlaubsgewährung erfolgt durch den Verleiher. Für den Zeitpunkt der Urlaubsgewährung bringt § 7 Nr. 7 des Manteltarifvertrags für Zeitarbeitnehmer im Verhältnis zwischen Verleiher und Leiharbeitnehmer eine Regelung. Der Entleiher hat gegenüber dem Leiharbeitnehmer im Hinblick auf dessen Urlaub *keine Arbeitgeberpositionen,* somit besteht auch kein Mitbestimmungsrecht.

e) § 87 I Nr. 6 BetrVG, Einführung und Anwendung von Überwachungseinrichtungen[49]

Eine Einführung und Anwendung von technischen Einrichtungen, welche dazu bestimmt sind, das Verhalten oder die Leistung der Arbeitnehmer zu überwachen, kann nur am konkreten Arbeitsplatz erfolgen. Denkbar ist etwa das Anbringen von Film-[50] und Fernsehkameras oder die Aufstellung von sog. Produktographen, welche die verschiedensten Werte aus dem Lauf oder der Bedienung einer Maschine auf-

---

[48] So im Ergebnis auch Mumot, Diss., S. 127.

[49] Vgl. allgemein *Dietz / Richardi,* § 87 Anm. 214 ff. mit weiteren Nachweisen.

[50] Vgl. etwa BAG, AP Nr. 1 zu § 87 BetrVG 1972 Überwachung.

zeigen sowie von Abhör-, Meß- und Zählgeräten[51]. Der Entleiher, der den überlassenen Leiharbeitnehmer nicht kennt und in der Regel auch keinen Einfluß auf die Auswahl hat, wird *an der Überwachung* dieses Personenkreises naturgemäß ein *gesteigertes Interesse* haben. Auch ist weder dem Manteltarifvertrag noch den Musterverträgen zu entnehmen, daß eine Überwachung der Leiharbeitnehmer durch den Entleiher mittels technischer Einrichtungen nicht zulässig ist. Eine Erstreckung des Mitbestimmungsrechts des Betriebsrats auf die Einführung und Anwendung von technischen Einrichtungen, welche das Verhalten oder die Leistung der Leiharbeitnehmer zu überwachen bestimmt sind, erfordert der Normzweck des § 87 I Nr. 6 BetrVG. Derartige Kontrolleinrichtungen greifen ebenso stark in den persönlichen Bereich[52] von Leiharbeitnehmern ein wie von Belegschaftsmitgliedern. Eine für notwendig erachtete technische Überwachung durch den Entleiher muß zum Schutz des Persönlichkeitsrechts und der Intimsphäre des Leiharbeitnehmers der betrieblichen Mitbestimmung unterliegen[53].

f) § 87 I Nr. 7 BetrVG, Regelungen über Arbeitsunfall-, Berufskrankheits- und Gesundheitsschutz

Nach § 87 I Nr. 7 BetrVG unterliegen Regelungen über die Verhütung von Arbeitsunfällen und Berufskrankheiten sowie über den Gesundheitsschutz der Mitbestimmung des Betriebsrats. Soweit der Entleiher in diesem Bereich Regelungen für die Leiharbeitnehmer trifft, handelt er insoweit kraft seiner Arbeitgeberstellung, so daß sich eine Notwendigkeit für eine betriebliche Mitbestimmung ergibt. Daneben ist zu beachten, daß der Leiharbeitnehmer seine Arbeitsleistung im Entleiherbetrieb erbringt, deshalb ist seine Stellung, soweit sie den Arbeitsunfall-, Berufskrankheits- und Gesundheitsschutz betrifft, mit der von betrieblichen Arbeitnehmern vergleichbar.

g) § 87 I Nr. 8 und 9 BetrVG, Sozialeinrichtungen, sowie Zuweisung und Kündigung von Wohnräumen

Nach § 87 I Nr. 8 hat der Betriebsrat ein Mitbestimmungsrecht bei der Form, Ausgestaltung und Verwaltung von *Sozialeinrichtungen*. Der Begriff der Sozialeinrichtung ist ebenso wie der früher in § 56 I lit. e BetrVG 1952 gebrauchte Begriff der Wohlfahrtseinrichtung in einem umfassenden Sinn zu verstehen. Beispielsweise zählen dazu Werkskantinen, Verkaufsstellen und Automaten zum Verkauf verbilligter Ge-

[51] BAG, AP Nr. 2 zu § 87 BetrVG 1972 Überwachung.
[52] Zum Schutzzweck vgl. die Begründung des Reg. Entw., BT-Drucksache VI/1786, S. 49.
[53] So im Ergebnis auch *Mumot*, Diss., S. 128 ff.

tränke, Erholungs-, Kinder-, Alters- und Krankenheime, Sportanlagen, Bibliotheken, Fortbildungseinrichtungen sowie Pensions- und Unterstützungskassen.

Die Leiharbeitnehmer können von Regelungen über die Auswahl des begünstigten Personenkreises von Sozialeinrichtungen sowie durch die Auswahl selbst betroffen werden. Es taucht deshalb das Problem auf, ob das Aufstellen von Regeln über die Auswahl des begünstigten Personenkreises und die konkrete Auswahl überhaupt mitbestimmungspflichtig sind. Beides wird von Fitting / Auffarth / Kaiser[54] bejaht.

Bedenken gegen diese Auffassung sind insoweit anzumelden, als die Festlegung des begünstigten Personenkreises der Mitbestimmung des Betriebsrats unterliegen soll. Die Meinung von Fitting / Auffarth / Kaiser steht in deutlichem Gegensatz zur neuesten Rechtsprechung des Bundesarbeitsgerichts zur Mitbestimmung bei der Altersversorgung[55]. Das Bundesarbeitsgericht zählt die abstrakte Abgrenzung des begünstigten Personenkreises zur mitbestimmungsfreien Grundsatzentscheidung des Arbeitgebers. Wenn der Arbeitgeber sich entschließt, bestimmte Leistungen zu erbringen, so steht meistens ein konkreter Zweck hinter dieser Absicht. Oft will der Arbeitgeber nur den Bedarf einer bestimmten Arbeitnehmergruppe decken. Wenn gezielte Maßnahmen in breit gestreute Vergünstigungen umgewandelt werden könnten und umgekehrt, so wäre dies mit der Freiwilligkeit der Zuwendung nicht mehr vereinbar. Auch wenn die Rechtsprechung des Bundesarbeitsgerichts zu § 78 Abs. 1 Nr. 10 BetrVG ergangen ist, gelten die tragenden Argumente im gleichen Maße für § 87 Abs. 1 Nr. 8 BetrVG[56]. Die Frage, ob der Arbeitgeber generell Sozialeinrichtungen wie etwa Werkskantinen oder Sportanlagen den Leiharbeitnehmern öffnen will, ist also mitbestimmungsfrei.

Das gleiche gilt für § 87 Abs. 1 Nr. 9 BetrVG. Wegen der Freiwilligkeit der Stellung von Wohnraum kann der Betriebsrat kein Mitbestimmungsrecht ausüben, wenn der Arbeitgeber generell eine Zuweisung von Wohnraum an Leiharbeitnehmer ablehnt. Soweit keine generelle Regelung des begünstigten Personenkreises in Frage steht, kann der Betriebsrat hingegen bei Zuweisung und Kündigung von Wohnraum mitbestimmen. Da den Leiharbeitnehmern der Wohnraum auf Grund ihrer Arbeitsleistung im Betrieb überlassen wird, sind sie mit betrieb-

---

[54] § 87 Anm. 38, wobei die abstrakte Festlegung des Benutzerkreises zur Errichtung, die Auswahl des begünstigten Arbeitnehmers im konkreten Fall zur Verwaltung gezählt wird.

[55] BAG AP Nr. 1, 2 und 3 zu § 87 BetrVG 1972 Altersversorgung. Vgl. dazu auch die zustimmenden Anmerkungen von *Richardi* und *Blomeyer*, ebd.

[56] Vgl. *Richardi* in seiner Anmerkung zu AP Nr. 1 zu § 87 BetrVG 1972 Altersversorgung.

lichen Arbeitnehmern vergleichbar. In der Praxis wird es vor allen Dingen dann zur Überlassung von Wohnraum an Leiharbeitnehmer kommen, wenn es wegen einer weiten Anfahrt zum Arbeitsplatz zweckmäßig ist, dem Leiharbeitnehmer am Ort einen Platz in einem Wohnheim einzuräumen.

h) § 87 I Nr. 10 und 11 BetrVG, die betriebliche Lohngestaltung sowie die Festsetzung von Akkord- und Prämiensätzen

Die Zuständigkeit für die *Mitbestimmung* in diesem Bereich liegt *ausschließlich im Verleiherbetrieb*[57]. Abgesehen von der Bestätigung der geleisteten Arbeitsstunden (vgl. § 2 Nr. 4 des Manteltarifvertrags) hat der Entleiher mit Lohnfragen nichts zu tun. Er bezahlt nach § 4 eines vorliegenden Musterarbeitnehmerüberlassungsvertrags nur die effektiv geleisteten Arbeitsstunden an den Verleiher.

i) § 87 I Nr. 12 BetrVG, das betriebliche Vorschlagswesen

Zum betrieblichen Vorschlagswesen „gehören alle Maßnahmen zur Anregung, Sammlung und Bewertung von Vorschlägen der Arbeitnehmer zur Vereinfachung oder Verbesserung betrieblicher Einrichtungen und Verfahren“[58], gleichgültig ob auf technischem, kaufmännischem oder organisatorischem Gebiet.

Die Mitbestimmung des § 87 I Nr. 12 BetrVG bezieht sich auf die Organisation und das Verfahren des betrieblichen Vorschlagswesens, nicht aber auf dessen Einführung und die Entscheidung, ob und in welcher Höhe Verbesserungsvorschläge honoriert werden[59]. Zweck der Mitbestimmung nach Nr. 12 ist, den Belangen der Arbeitnehmer und der Förderung der Persönlichkeitsentfaltung zu dienen[60]. Auch wenn bei dieser Bestimmung nicht so stark die Notwendigkeit der Beschränkung der Arbeitgeberstellung im Vordergrund steht, kommt dennoch eine analoge Anwendung auch auf Leiharbeitnehmer in Frage. Entscheidungen darüber, in welchem Verfahren ein Verbesserungsvorschlag von Leiharbeitnehmern zu honorieren ist, sowie über den vorschlagsberechtigten und prämienberechtigten Personenkreis könnten ansonsten ausschließlich vom Entleiher getroffen werden. Wird der Entleiher nach *§ 11 Nr. 7 AÜG* hinsichtlich einer Erfindung oder eines technischen Verbesserungsvorschlags als *Arbeitgeber* im Sinne des Gesetzes über Ar-

---

[57] So auch *Mumot*, Diss., S. 134.

[58] *Richardi*, in: Dietz / Richardi, § 87 Anm. 361.

[59] Vgl. *Dietz / Richardi*, § 87 Anm. 363 ff.; *Wiese*, in: GK, § 87 Anm. 160 ff.; für ein Initiativrecht *Fitting / Auffarth / Kaiser*, § 87 Anm. 67.

[60] *Wiese*, in: GK, § 87 Anm. 159.

beitnehmererfindung betrachtet, so wird daraus ersichtlich, daß der Gesetzgeber die Besonderheit berücksichtigen wollte, daß trotz bestehendem Arbeitsverhältnis zum Verleiher Erfindungen und Verbesserungsvorschläge weitgehend dem Entleiher zugute kommen. Die gleiche Interessenkonstellation ergibt sich aber auch für die nicht unter die Erfindungen fallenden betrieblichen Verbesserungsvorschläge. Die Mitbestimmung des Entleiherbetriebsrats erfaßt also auch das Leiharbeitnehmer betreffende betriebliche Vorschlagswesen.

j) Zusammenfassung

Die Detailuntersuchung der Arbeitgeberstellung des Entleihers hat gezeigt, daß in einem nicht unerheblichen Bereich der sozialen Angelegenheiten die Möglichkeit, aber auch die Notwendigkeit für eine Mitbestimmung des Betriebsrats besteht[61]. Wo das Interesse der Leiharbeitnehmer dies erfordert, darf die Arbeitgeberstellung des Entleihers von der rechtspolitisch unbestrittenen und geschichtlich[62] als Kernbereich der betrieblichen Mitbestimmung gewachsenen Mitbestimmung im Bereich des § 87 BetrVG nicht unangetastet bleiben.

7. Ausübungsform der Mitbestimmung

Räumt man dem Betriebsrat ein limitiertes Mitbestimmungsrecht ein, so stellt sich gleichzeitig die Frage, in welcher Form dieses Mitbestimmungsrecht ausgeübt werden kann. § 87 BetrVG enthält überhaupt keine Aussage über die Form der Mitbestimmung. In der Literatur ist umstritten, wie sich Regelungsabrede[63] (auch Betriebsabsprache[64] oder betriebliche Einigung[65] genannt) und Betriebsvereinbarung zueinander verhalten. Auf diesen Streit, der geprägt ist von der Auseinandersetzung um die Theorie der Wirksamkeitsvoraussetzung[66] der betrieblichen Mitbestimmung, braucht an dieser Stelle nicht weiter eingegangen zu werden. Ganz gleich, welcher Ansicht man folgt, stellt sich immer die Frage, ob der Betriebsrat Betriebsvereinbarungen mit Wir-

---

[61] So auch das Ergebnis eines obiter dictum des BAG AP Nr. 2 zu § 99 BetrVG 1972.

[62] Vgl. etwa die §§ 78, 80 des Betriebsrätegesetzes von 1920.

[63] *Nikisch*, Bd. III, S. 306; *ders.*, DB 1964, S. 622; *Adomeit*, Die Regelungsabrede, 2. Aufl. 1961.

[64] *Molodovsky*, Betriebsabsprachen, Diss. München 1959; *ders.*, DB 1961, S. 338; *Richardi*, Kollektivgewalt und Individualwille, S. 279; *ders.*, Festschrift für v. Lübtow, S. 771.

[65] *Neumann-Duesberg*, S. 408; *Adomeit*, Rechtsquellenfragen, S. 150; *ders.*, BB 1967, S. 1003.

[66] Vgl. *Richardi*, in: Dietz / Richardi, § 87 Anm. 24 ff. und 70 ff. auf der einen und *Wiese*, in: GK, § 87 Anm. 28 ff. mit weiteren Nachweisen auf der anderen Seite.

kung für die Leiharbeitnehmer abschließen kann und ob bereits abgeschlossene Betriebsvereinbarungen ihre Wirkung auf Leiharbeitnehmer erstrecken können.

Folgt man der Mindermeinung von Säcker[67], der die Kompetenz zur Regelung durch Betriebsvereinbarungen in personeller Hinsicht generell von dem Maß der Einwirkungsmöglichkeiten des Arbeitgebers abhängig macht, so kann sich der personelle Geltungsbereich von Betriebsvereinbarungen auch auf Leiharbeitnehmer erstrecken. Es ist zu prüfen, ob dieses Ergebnis auch nach der herrschenden Ansicht zu vertreten ist. Eines der Grundprinzipien des deutschen Arbeitsrechts besagt, daß die Wirkung von kollektivrechtlichen Regelungen auf den Kreis der Angehörigen dieser Kollektive beschränkt ist[68]. Dieser Grundsatz bedeutet, daß die außerhalb eines Betriebes oder Verbandes Stehenden der rechtsgestaltenden Kollektivmacht nicht unterworfen sind. Dem Grundsatz nach unterliegen deshalb der Gestaltungswirkung einer Betriebsvereinbarung nur Arbeitnehmer, die auch zur Belegschaft gehören[69]. Das Ruhestandsverhältnis unterliegt somit z. B. nicht mehr der normativen Gestaltung durch Betriebsvereinbarungen[70].

Es stellt sich die Frage, ob für den Leiharbeitnehmer insoweit eine Ausnahme zu machen ist. Der Leiharbeitnehmer gleicht im Gegensatz zum Rentner in vielem einem betrieblichen Arbeitnehmer. Der Leiharbeitnehmer leistet wie ein Belegschaftsangehöriger im Entleiherbetrieb abhängige Arbeit, zwischen dem Entleiher und dem Leiharbeitnehmer besteht zwar kein volles Arbeitsverhältnis aber dennoch eine starke arbeitsrechtliche Beziehung. Die Erbringung der Arbeitsleistung im Entleiherbetrieb, verbunden mit der Ausübung von Arbeitgeberrechten durch den Entleiher macht die partielle Erstreckung der Betriebsvereinbarungen auf die Leiharbeitnehmer unumgänglich. Wegen der überragenden Bedeutung der Betriebsvereinbarung für die innerbetriebliche Rechtsgestaltung liefe bei gegenteiliger Ansicht die betriebliche Mitbestimmung bei Leiharbeitnehmern leer. Dabei soll keineswegs die Schwierigkeit verkannt werden, die im Einzelfall bei der Be-

---

[67] Gruppenautonomie und Übermachtskontrolle im Arbeitsrecht, S. 365.

[68] *Karakatsanis,* Die kollektivrechtliche Gestaltung des Arbeitsverhältnisses und ihre Grenzen, Heidelberg 1963, S. 57; bestätigend *Richardi,* Kollektivgewalt und Individualwille bei der Gestaltung des Arbeitsverhältnisses, S. 438.

[69] Vgl. *Dietz / Richardi,* § 77 Anm. 61.

[70] BAG AP Nr. 1 zu § 57 BetrVG = SAE 1956, S. 156 mit abl. Anm. von *Molitor* = AuR 1956, S. 217 mit zust. Anm. von *Mendigo* = AR-Blattei, Ruhegehalt, Entsch. 10 mit zust. Anm. von *Sitzler;* AP Nr. 2 zu § 57 BetrVG mit zust. Anm. von *Siebert;* AP Nr. 47 zu § 242 Ruhegehalt; *Dietz / Richardi,* § 77 Anm. 62; *Thiele,* in: GK, § 77 Anm. 51 a; a. A. *Fitting / Auffarth / Kaiser,* § 77 Anm. 26; *Säcker,* Gruppenautonomie und Übermachtkontrolle im Arbeitsrecht, S. 365; *Straetmans,* AuR 1969, S. 271.

urteilung von Betriebsvereinbarungen hinsichtlich ihrer Geltung für Leiharbeitnehmer auftreten kann.

8. Mitbestimmung des Entleiherbetriebsrats in personellen Angelegenheiten

Bei der Mitbestimmung in personellen Angelegenheiten unterscheidet das Gesetz zwischen allgemeinen personellen Angelegenheiten und personellen Einzelmaßnahmen. Es ist jeweils gesondert zu untersuchen, ob der Gesetzeszweck eine Erstreckung der einzelnen Vorschriften auf die Leiharbeitnehmer erfordert.

a) Allgemeine personelle Angelegenheiten

aa) Personalplanung

Zur Klärung der Frage, ob unter den unbestimmten Gesetzesbegriff der Personalplanung nach § 92 BetrVG auch Planungsmaßnahmen, die sich auf Leiharbeitnehmer beziehen, fallen, ist auf den Zweck des Unterrichtungs- und des darauf aufbauenden Beratungsrechts abzustellen. Wegen der „präjudizierenden Bedeutung der Personalplanung für die personelle Einzelentscheidung" soll nach dem Willen des Gesetzgebers der Betriebsrat „bereits im Vorfeld eingeschaltet werden"[71]. Der Einsatz von Leiharbeitnehmern hat in der Regel Rückwirkungen auf die Ermittlung des Personalbedarfs, den Personalbeschaffungsplan und den Personaleinsatz. Plant ein Arbeitgeber etwa kurzfristige Produktionsspitzen oder Erkrankungen von Arbeitnehmern mit Hilfe von Leiharbeitnehmern auszugleichen, so kann er unbedenklicher den Personalabbau auf das erforderliche Arbeitskräfteminimum betreiben. Da der Einsatz von Leiharbeitnehmern unmittelbar den gegenwärtigen und künftigen Personalbedarf und damit Einstellungen, Versetzungen und Entlassungen beeinflußt, besteht auch insoweit ein Unterrichtungs- und Beratungsrecht des Betriebsrats.

bb) Ausschreibung von Arbeitsplätzen

Es ist fraglich, ob der Einsatz von Leiharbeitnehmern zur Besetzung eines Arbeitsplatzes führt. Die Beschäftigung von Leiharbeitnehmern zur Urlaubsvertretung oder bei Ausfall einer Arbeitskraft wegen Krankheit oder aus sonstigen Gründen ist nur vorübergehender Art. Es wäre deshalb sinnlos, nach § 93 BetrVG den innerbetrieblichen Arbeitsmarkt mobilisieren zu wollen, wenn ein Arbeitsplatz überhaupt nicht besetzt wird. Die betrieblichen Arbeitnehmer kehren ja nach kurzer Abwesenheit auf ihren Arbeitsplatz zurück. Der Gesetzeszweck von

[71] *Dietz / Richardi*, § 92 Anm. 5.

§ 93 BetrVG verbietet es also, den kurzfristigen Einsatz von Leiharbeitnehmern mit der Besetzung eines Arbeitsplatzes gleichzustellen.

cc) Personalfragebogen, Beurteilungsgrundsätze

Ein Bedürfnis, die Mitbestimmung des Betriebsrats nach § 94 BetrVG auf den Bereich der Leiharbeitnehmer zu erstrecken, wird kaum jemals akut werden. Nach der Ausgestaltung des AÜG und der für den Bereich der Zeitarbeit weitgehend beispielhaften Ausgestaltung der Rechtsstellung des Leiharbeitnehmers nach dem Manteltarifvertrag spielen im Entleiherbetrieb Personalfragebogen und Beurteilungsgrundsätze keine Rolle. Die Person des Entsandten wird normalerweise vom Verleiher bestimmt, auch hat der Entleiher wegen der maximal dreimonatigen Beschäftigungsdauer kein gesteigertes Interesse an der Einzelpersönlichkeit des Leiharbeitnehmers.

Soweit der Entleiher aber ausnahmsweise besondere *Personalfragebogen* gegenüber den Leiharbeitnehmern einsetzt, sind diese Arbeitnehmer, wie andere Arbeitnehmer auch, der Arbeitgeberstellung des Betriebsinhabers unterworfen. Die Einräumung eines Mitbestimmungsrechts ist damit interessengerecht.

Eine *Beurteilung der Leiharbeitnehmer* im Entleiherbetrieb erfolgt wegen der nur vorübergehenden Beschäftigung nicht, so daß die Aufstellung allgemeiner Beurteilungsgrundsätze für die Leiharbeitnehmer nicht in Frage kommt.

dd) Auswahlrichtlinien

Wegen des Unterschieds zwischen der Einstellung eines Leiharbeitnehmers und eines sonstigen Arbeitnehmers sind die im Entleiherbetrieb bestehenden *allgemeinen Auswahlrichtlinien* in ihrer Wirkung nicht auf Leiharbeitnehmer zu erstrecken. Dies hat zwei Gründe: Einmal unterscheidet sich der Entleiher dadurch von einem vollwertigen Arbeitgeber, daß er in der Regel überhaupt keine Auswahl zwischen mehreren Leiharbeitnehmern treffen kann, vielmehr bestimmt der Verleiher, welche Person er beim Entleiher einsetzt. Ferner ist kaum vorstellbar, welchen Inhalt Auswahlrichtlinien für Leiharbeitnehmer haben sollten. Der nur vorübergehende Einsatz macht es überflüssig, das Auswahlverfahren besonders sorgfältig und damit schwerfällig zu gestalten.

b) Personelle Einzelmaßnahmen nach § 99 BetrVG

aa) Eingruppierung, Umgruppierung, Versetzung

Von den in § 99 I BetrVG genannten Einzelmaßnahmen dürfte für das Beteiligungsrecht des Entleiherbetriebsrats allein die Einstellung von Bedeutung sein. Die Eingruppierung und Umgruppierung, d. h. die tarifliche Einstufung des Leiharbeitnehmers, wird allein vom Verleiher wahrgenommen. Eine *Versetzung* des Leiharbeitnehmers wird wegen seiner kurzen Beschäftigungsdauer in der Regel nicht vorkommen, auch ist fraglich, ob die Arbeitgeberstellung des Entleihers soweit geht. Wo aber ein Leiharbeitnehmer von vorneherein dazu Verwendung finden sollte, beim Entleiher wechselnde Arbeitsbereiche auszufüllen, liegt in Anwendung des Gedankens des § 95 III S. 2 BetrVG keine Versetzung vor. Gleichfalls dann nicht, wenn die Wahrnehmung eines anderen Arbeitsbereichs voraussichtlich unter einem Monat bleibt. Auch wird man das Interesse des Leiharbeitnehmers an einer Mitbestimmung des Entleiherbetriebsrats bei Zuweisung eines anderen Arbeitsbereichs im Betrieb als gering erachten müssen, da das Leiharbeitsverhältnis auf ständigen Arbeitsplatzwechsel ausgerichtet ist (vgl. auch die gesetzliche Wertung des § 95 II S. 2 BetrVG). Sollte trotz alledem einmal der atypische Fall einer *Versetzung durch den Entleiher* vorliegen und insbesondere das Belegschaftsinteresse eine Mitbestimmung erfordern, so ist zu beachten, daß in § 99 II BetrVG die Zustimmungsverweigerungsgründe abschließend aufgezählt sind. Eine vorläufige Durchführung dieser Versetzung würde nach § 100 BetrVG zu beurteilen sein.

bb) Einstellung

α) *Rechtsprechung*

Zur Frage der Beteiligung des Betriebsrats des Entleiherbetriebs bei der Einstellung von Leiharbeitnehmern hat das BAG in seiner viel beachteten Entscheidung[72] vom 14. 5. 1974 Stellung genommen. In diesem, die Auseinandersetzung um die betriebsverfassungsrechtliche Stellung der dem AÜG unterfallenden Leiharbeitnehmer neu belebenden Beschluß hat sich das BAG für die Anwendung des § 99 BetrVG bei der Einstellung im Entleiherbetrieb ausgesprochen[73]. Eine nähere Auseinandersetzung mit dem Beschluß des BAG zu § 99 BetrVG ergibt aber, daß abgesehen von der Anerkennung der aufgespaltenen Arbeitgeberstellung als Lösungsansatz die Entscheidung bei weitem nicht von der richtungsweisenden Bedeutung ist, die ihr mancher zumißt.

Die Bedeutung der Entscheidung des BAG wurde im allgemeinen überbewertet. Der Leitsatz der Entscheidung täuscht über den wahren Inhalt des Beschlusses des ersten Senats. Nur dem Grundsatz nach ist

---

[72] AP Nr. 2 zu § 99 BetrVG 1972 mit Anm. von *Kraft* = DB 1974, S. 1580 = NJW 1974, S. 1966 mit Anm. von *Becker* = SAE 1975, S. 145 mit Anm. von *G. Hueck*.

[73] So auch ArbG-Kassel, DB 1974, S. 536; *Kraft*, in: GK, § 99 Anm. 5; *Fitting / Auffarth / Kaiser*, § 99 Anm. 7; *Maurer*, BB 1974, S. 512 f.; *Ramm*, DB 1973, S. 1174; *Schaub*, § 120, VI, 3; a. A. ArbG Herford DB 1973, S. 727; *Küchenhoff*, BetrVG, § 99 Anm. 5.

ausgesprochen, daß dem Entleiherbetriebsrat bei der Einstellung von Leiharbeitnehmern die Beteiligungsrechte nach § 99 BetrVG nicht versagt werden dürfen. Bei der inhaltlichen Bewertung des Beschlusses ist jedoch besonders zu berücksichtigen, daß:

1. der Entleiher nach dem entschiedenen Sachverhalt ein beschränktes personelles Auswahlrecht hatte (Der Entleiher konnte jeden Leiharbeitnehmer binnen einer Woche ohne Begründung zurückweisen.);
2. durch den Beschluß keinerlei Konkretisierung des Umfangs der Beteiligungsrechte erfolgte.

Da eine Beteiligung des Entleiherbetriebsrats *insgesamt unterblieben* war, konnte sich das Bundesarbeitsgericht entsprechend dem Antrag auf die *Feststellung der Verletzung des Mitbestimmungsrechts* beschränken. Die Bedeutung der Entscheidung liegt also allein darin begründet, daß das BAG unter Zugrundelegung der aufgespaltenen Arbeitgeberstellung erstmals nach Inkrafttreten des AÜG ein Mitbestimmungsrecht des Entleiherbetriebsrats angenommen hat. Damit wurde aber zunächst nur die Tür aufgestoßen für eine Berücksichtigung der verteilten Arbeitgeberstellung. Klare Richtlinien für die fallgerechte Dosierung der Mitbestimmung im personellen Bereich je nach durchaus unterschiedlicher Ausgestaltung der Arbeitgeberbefugnisse sind jedoch nicht erkennbar.

β) *Eigene Auffassung*

Eine über den Einzelfall hinausgehende Beurteilung der Beteiligungsrechte des Entleiherbetriebsrats bei der Einstellung von Leiharbeitnehmern hat sich am Normzweck des § 99 BetrVG zu orientieren. Die Offenlegung dieses Normzwecks eröffnet die Möglichkeit, § 99 BetrVG auch auf Sachverhalte auszudehnen, welche eine entsprechende Interessenkonstellation aufweisen.

Um für den Bereich der Leiharbeit eine der gesetzlichen Wertung des § 99 BetrVG entsprechende Grenzziehung zu erreichen, ist zum einen die Rechtsgestaltung bei der Einbeziehung von Leiharbeitnehmern in den Entleiherbetrieb besonders zu berücksichtigen. Zum anderen ist auf die in § 99 II BetrVG aufgeführten Widerspruchsgründe näher einzugehen. Dabei verdient besondere Aufmerksamkeit, daß die Zustimmung zur Einstellung teils zum Schutz der Individualinteressen der Einzustellenden, teils zum Schutz der Kollektivinteressen der Belegschaft verweigert werden kann.

αα) Zweiphasiger Einstellungsakt

Bei der Einstellung von Leiharbeitnehmern taucht im Vergleich zur Einstellung von betrieblichen Arbeitnehmern eine wichtige Besonderheit auf. Während bei einzustellenden Arbeitnehmern die *rechtsverbindliche Entscheidung* darüber, *ob* jemand und *wer* eingestellt wird uno actu, nämlich im Arbeitsvertrag, erfolgt, müssen bei Leiharbeitnehmern diese Entscheidungen in der Regel getrennt gesehen werden. Zunächst erfolgt der Abschluß des Arbeitnehmerüberlassungsvertrags. Erst später erfolgt auf Grund des Weisungsrechts des Verleihers mit oder ohne Mitwirkungs- bzw. Auswahlrecht des Entleihers die Bestimmung der Person des Leiharbeitnehmers. Anders als bei der Einstellung eines betrieblichen Arbeitnehmers, wo die Mitbestimmung nach überwiegender Ansicht[74] beim Abschluß des Arbeitsvertrages einsetzt, der das *Ob und die Person* der Einstellung regelt, müssen die Zustimmungsverweigerungsgründe bei der Arbeitnehmerüberlassung inhaltlich einer Trennung unterzogen werden. Hierbei ist jeweils der Normzweck der Zustimmungsverweigerungsgründe auf eine Erstreckungsmöglichkeit gegenüber der in Frage stehenden Einzelmaßnahme zu untersuchen.

ββ) Mitbestimmung bei Vertragsschluß

Der Abschluß eines Arbeitnehmerüberlassungsvertrages oder eines Vertrages, welcher zum Einsatz von Unternehmerarbeiten führt, regelt zunächst nur die Tatsache, *daß jemand im Betrieb eingesetzt wird.* Es ist deshalb auf Grund der differenzierenden Betrachtungsweise die Frage zu stellen, ob insoweit Widerspruchsgründe nach § 99 II BetrVG nach der Zielsetzung des Gesetzes überhaupt eine Schutzfunktion entwickeln sollen.

Der Personaleinsatz von Leiharbeitnehmern kann zu einem *Abbau von Arbeitsplätzen führen* etwa dann, wenn der Entleiher hinfort Produktionsspitzen mit Leiharbeitnehmern ausgleicht und deshalb betrieblich Arbeitsplätze einspart oder wenn der Betriebsinhaber eine neue Maschine samt Bedienungspersonal mietet und deshalb dem Arbeitnehmer an der alten Maschine gekündigt wird. Für den Entleiherbetriebsrat kann sich also in diesen Fällen ein Widerspruchsgrund nach § 99 II Nr. 3 BetrVG ergeben.

Gegen einen Vertragsschluß, der das *Ob* eines Einsatzes von Leiharbeitnehmern regelt, kann in Ausnahmefällen auch ein Widerspruchsgrund nach der Nummer 1 des § 99 II BetrVG vorliegen. Der Einsatz von Leiharbeitnehmern müßte gegen ein Gesetz, eine Verordnung, eine Unfallverhütungsvorschrift oder gegen eine Bestimmung in einem Tarifvertrag oder in einer Betriebsvereinbarung oder gegen eine gericht-

---

[74] Vgl. *Dietz / Richardi*, § 99 Anm. 9; *Fitting / Auffarth / Kaiser*, § 99 Anm. 7, die allerdings auf die früheste Maßnahme, das wird regelmäßig der Arbeitsvertrag sein, abstellen.

liche Entscheidung oder eine behördliche Anordnung verstoßen. Soweit ersichtlich ist das Problem in der Praxis noch nicht aufgetreten.

Die sonstigen Widerspruchsgründe richten sich, soweit sie überhaupt zur Anwendung kommen können, gegen eine bestimmte Person, also dagegen, *wer* eingestellt wird. Sie sollen im folgenden behandelt werden.

γγ) Personelles Auswahlrecht

Eine ganz andere Frage, die streng zu trennen ist vom Arbeitnehmerüberlassungsvertragsschluß, ist das *personelle Auswahlrecht*. Dieses wird in den seltensten Fällen bereits beim Vertragsschluß akut, nämlich nur dann, wenn die Person des Überlassenen bereits im Vertrag festgelegt wird. In der Regel wird bei der Überlassung eines Leiharbeitnehmers die Einzelperson erst auf Grund des Weisungsrechts des Verleihers bzw. des Unternehmers bestimmt. Denkbar ist nun, daß die Arbeitgeberstellung des Entleihers so ausgestaltet ist, daß er entweder ein limitiertes oder ein unbeschränktes Auswahlrecht hat. Ganz unabhängig davon, ob bei der Grundsatzentscheidung über den Vertragsschluß ein Mitbestimmungsrecht bestand, ist nun dieser Aspekt der Einstellung zu prüfen. — Kann der Entleiher auf Grund der ihm vom Verleiher eingeräumten Arbeitgeberstellung den Leiharbeitnehmer im Zeitpunkt des Arbeitsantritts ohne weiteres zurückweisen oder obliegt ihm überhaupt die Auswahl der Leiharbeitnehmer, so gleicht seine Stellung insoweit der eines Arbeitgebers bei der Einstellung. Nach der gesetzlichen Wertung hat der Betriebsrat deshalb ein Mitbestimmungsrecht, wenn der Arbeitgeber über die *Person des Einzustellenden* entscheiden kann. Es besteht z. B. eine Notwendigkeit dafür, daß der Betriebsrat im Interesse des Einzustellenden nach § 99 II Nr. 1 BetrVG die Zustimmung verweigern kann[75], wenn nach § 4 MuSchG oder nach § 38 JASchG bestimmte Beschäftigungsarten für Frauen oder Jugendliche verboten sind. Auf Grund der Kenntnis des Arbeitsplatzes sowie der auszuübenden Tätigkeit kann allein der Entleiherbetriebsrat, nicht aber der Verleiherbetriebsrat, effektiven Arbeitnehmerschutz gewährleisten.

Ferner erfordert der Betriebsfrieden, der auch bei einer Beschäftigungsdauer von weniger als drei Monaten eine empfindliche Störung erfahren kann, dem Betriebsrat im Belegschaftsinteresse ein Zustimmungsverweigerungsrecht nach § 99 II Nr. 3 BetrVG einzuräumen.

Ganz anders ist die Situation aber, wenn der *Entleiher keinerlei Einfluß auf die personelle Auswahl* der Leiharbeitnehmer hat. Zwar

---

[75] Vgl. auch die Anerkennung der Arbeitgeberstellung des Entleihers und der Schutzbedürftigkeit des Leiharbeitnehmers nach § 11 V AÜG.

ist nicht zu verkennen, daß sowohl der betroffene Leiharbeitnehmer als auch die Belegschaft auch in diesem Fall ein Interesse an einem Mitbestimmungsrecht des Betriebsrats haben können, die betriebliche Mitbestimmung setzt aber ihrem Wesen nach immer bei der Fremdbestimmung des Arbeitgebers an und begrenzt diese. Mangels Bestimmungsrecht des Entleihers ist damit von vorneherein ein Mitbestimmungsrecht des Betriebsrats ausgeschlossen. Damit stellt sich für den möglicherweise umfangreicheren Bereich der Arbeitnehmerüberlassung ohne Auswahlrecht des Entleihers die Frage, ob der Entleiherbetriebsrat bereits auf die Ausgestaltung des Arbeitnehmerüberlassungsvertrags Einfluß nehmen kann, um ein Auswahlrecht zu erzwingen[76]. Diese Fragestellung führt hinein in die *Abgrenzungsproblematik zwischen Arbeitgeberstellung und unternehmerischer Entscheidung.* Auch wenn die mitbestimmungspflichtigen Arbeitgeberentscheidungen in sozialen, personellen und wirtschaftlichen Angelegenheiten Rückwirkungen im unternehmerischen Bereich zeigen und umgekehrt Unternehmerentscheidungen nicht ohne Einfluß auf den betrieblichen Bereich bleiben, ist dennoch eine scharfe theoretische Trennung zwischen betrieblichen und unternehmerischen Angelegenheiten rechtsdogmatisch unerläßlich[77]. Es ist eine rein unternehmerische Entscheidung, ob eine bestimmte Arbeitsleistung auf Grund Werk- oder Dienstvertrags oder auf Grund eines Arbeitsverhältnisses erbracht wird. Wenn der Entleiher sich dafür entscheidet, einen Arbeitnehmerüberlassungsvertrag ohne personelle Auswahlmöglichkeit abzuschließen, so gleicht dies dem Abschluß eines Dienstvertrags mit einem Dritten z. B. einem Maurer- oder Malermeister, der sich zur Erfüllung seiner Leistungspflicht nach seinem Belieben Erfüllungsgehilfen bedient. In diesen Fällen besteht keine Arbeitgeberbestimmung, an welcher der Betriebsrat partizipieren könnte. Schließt aber der Entleiher einen Überlassungsvertrag mit Auswahlrecht ab, so gleicht seine Stellung hinsichtlich der Einstellung der eines Arbeitgebers. Mit diesem Bestimmungsrecht eröffnet sich die Möglichkeit der Mitbestimmung. *Die Entscheidung, ob der Entleiher die Leiharbeitnehmer wie ein Arbeitgeber auswählen will, oder die Entsendung wie bei einem Werk- oder Dienstvertrag erfolgen soll, ist eine unternehmerische Entscheidung.* Aus diesem Grunde ist die Mitbestimmung des Betriebsrats über die Aufnahme eines personellen Auswahlrecht des Entleihers in den Arbeitnehmerüberlassungsvertrag ausgeschlossen, ganz abgesehen davon, daß ein Auswahlrecht des Entleihers häufig gegenüber dem Verleiher vertraglich gar nicht durchsetzbar wäre.

---

[76] So das LAG Hamm, DB 1973, S. 1511; ohne Stellungnahme das BAG, AP Nr. 2 zu § 99 BetrVG 1972.

[77] So auch *G. Hueck* in seiner Anm. zur Entscheidung des BAG, SAE 1975, S. 150.

Erst wenn also die Arbeitgeberstellung des Entleihers so ausgestaltet ist, daß er ein personelles Auswahlrecht hat, kann der Betriebsrat im Wege der betrieblichen Mitbestimmung die Interessen der Leiharbeitnehmer und die Interessen der Belegschaft wahrnehmen. Diese Lösung ist interessengerecht und nicht über Gebühr arbeitgeberfreundlich, da der Entleiher nur unter Verzicht auf sein eigenes Bestimmungsrecht einer betrieblichen Mitbestimmung enthoben ist.

δδ) Unterrichtungspflichten

Die Unterrichtungspflichten des Arbeitgebers nach § 99 I BetrVG orientieren sich am Mitbestimmungsrecht des Betriebsrats nach § 99 II BetrVG. Sowohl die Unterrichtungspflichten des Arbeitgebers als auch die möglichen Widerspruchsgründe des Entleiherbetriebsrats erfahren wegen der Eigenart der Arbeitnehmerüberlassung im Umfang eine gewisse Beschränkung[78]. In Übereinstimmung mit der zur Unterrichtungspflicht überwiegend vertretenen Ansicht[79] wird man zwar die Vorlage der „Bewerbungsunterlagen" *aller* in Frage kommenden Leiharbeitnehmer fordern müssen, die *Erforderlichkeit* ist aber an dem Katalog der Widerspruchsgründe des Entleiherbetriebsrats zu messen. Weiter hat der Arbeitgeber über die Auswirkungen der geplanten Einstellung zu unterrichten[80].

εε) Einstellung und Arbeitskampf

Ein Sonderproblem bei der Einstellung von Leiharbeitnehmern stellt das Mitbestimmungsrecht während eines Arbeitskampfes dar. Die Einstellung von Leiharbeitnehmern stellt für den Entleiher eine naheliegende Möglichkeit dar, um die Streikfolgen erheblich zu mildern.

Nach § 11 V AÜG ist der Einsatz von Leiharbeitnehmern während eines Arbeitskampfes zwar zulässig, die Leiharbeitnehmer sind aber nicht verpflichtet, in einem von einem Arbeitskampf unmittelbar betroffenen Betrieb zu arbeiten. Der Verleiher hat den Leiharbeitnehmer auf dessen Recht, die Arbeit zu verweigern, hinzuweisen. Darüber hinaus wurde in § 12 des MTV zwischen dem Unternehmensverband für Zeitarbeit und der DAG vereinbart, keine Leiharbeitnehmer bei einem legalen Streik einzusetzen. Werden dennoch Leiharbeitnehmer, sei es unter Verstoß gegen den MTV oder von nicht Tarifgebundenen

---

[78] So auch BAG, in: AP Nr. 2 zu § 99 BetrVG 1972.

[79] BAG AP Nr. 1 zu § 99 BetrVG 1972, *Dietz / Richardi*, § 99 Anm. 55; *Fitting / Auffarth / Kaiser*, § 99 Anm. 18; *Gnade / Kehrmann / Schneider*, § 99 Anm. 7; *Adomeit*, DB 1971, S. 2360; *Falkenberg*, DB 1972, S. 776; *Stahlhacke*, BlStSozArbR 1972, S. 55; *Richardi*, DB 1973, S. 380; a. A. *Kraft*, in: GK, § 99 Anm. 32 f.; *Neef*, BB 1973, S. 988.

[80] Vgl. zur Unterrichtungspflicht des Entleihers auch die ausführliche Darstellung von *Hunold*, DB 1976, S. 650 ff.

eingestellt, so ist die Einstellung zur Abwendung der Streikfolgen dem Mitbestimmungsrecht entzogen. Die Ansicht von Reuter[81], der das Mitbestimmungsrecht unter der Einschränkung weiterbestehen läßt, daß, um eine kollektive Verschlechterung der Position im Arbeitskampf zu vermeiden, nur individuelle Nachteile für einen Zustimmungsverweigerungsgrund berücksichtigt werden können, ist zu eng. Nach Auffassung des BAG[82] ist der Betriebsrat während eines Streikgeschehens überhaupt nicht in der Lage, bei Arbeitgebermaßnahmen, wie sie die Einstellung darstellt, mitzuwirken. Richtiger ist es hingegen, der im vorliegenden Fall zum gleichen Ergebnis wie die BAG-Auffassung führenden Ansicht von Richardi[83] zu folgen. Eine generelle Ausschaltung des Betriebsrats wird vom Grundsatz der Kampfparität demnach dann gefordert, wenn die Einstellung Rückwirkungen auf die Kampffähigkeit und das Durchhaltevermögen des Arbeitgebers hat. Da dies bei Einstellung von Leiharbeitnehmern zur Abwendung von Streikfolgen regelmäßig der Fall ist, ist das Beteiligungsrecht des Entleiherbetriebsrats auf ein Unterrichtungsrecht reduziert.

c) Kündigung

Nach § 102 BetrVG ist der Betriebsrat vor jeder Kündigung zu hören. Der Arbeitgeber hat ihm die Gründe für die Kündigung mitzuteilen, wobei eine ohne Anhörung des Betriebsrats ausgesprochene Kündigung unwirksam ist. Bei ordentlichen Kündigungen hat der Betriebsrat darüber hinaus ein Widerspruchsrecht. Für den Umfang der Beteiligungsrechte des Entleiherbetriebsrats nach §§ 102 ff. BetrVG stellt sich die Frage, ob der Entleiher gegenüber dem Leiharbeitnehmer ein Kündigungsrecht ausüben kann. Es ist kaum denkbar, daß der Entleiher das Arbeitsverhältnis des Leiharbeitnehmers beenden kann. Wegen des nur vorübergehenden Einsatzes des Leiharbeitnehmers im Entleiherbetrieb wird sich der Verleiher in aller Regel die Entscheidung darüber vorbehalten, ob das Arbeitsverhältnis insgesamt durch Kündigung erlöschen soll. Dem Entleiher genügt es, wenn er die Ablösung eines Leiharbeitnehmers bewirken kann. Anders als bei betrieblichen Arbeitnehmern ist aber zur Entfernung eines Leiharbeitnehmers aus dem Entleiherbetrieb nicht die Kündigung des Arbeitsverhältnisses erforderlich. — Es bleibt also festzuhalten, daß mangels eines Kündigungsrechts des Entleihers eine Beteiligung des Entleiherbetriebsrats nach § 102 BetrVG entfällt.

Streng zu unterscheiden von der Kündigung des Arbeitsverhältnisses ist die nachträgliche Zurückweisung eines Leiharbeitnehmers durch

---

[81] *Reuter*, AuR 1973, S. 6.

[82] AP Nr. 44 zu Art. 9 GG Arbeitskampf mit Anm. von *Richardi*.

[83] In: *Dietz / Richardi*, § 99 Anm. 8.

den Entleiher. Diese Maßnahme ist mit einer Kündigung nicht vergleichbar. Die soziale Schutzbedürftigkeit zwischen Leiharbeitnehmer und betrieblichem Arbeitnehmer ist insoweit gänzlich verschieden. Ersterer steht in einem gesicherten Arbeitsverhältnis zum Verleiher, so daß ihm im Gegensatz zu einer normalen Kündigung keinerlei Nachteile erwachsen. Darüber hinaus ist das AÜG auf Grund des Arbeitsvermittlungsmonopols der Bundesanstalt für Arbeit darauf angelegt, keine dauerhafte Bindung zwischen Entleiher und Leiharbeitnehmer entstehen zu lassen. Schließlich passen auch die Rechtsfolgen eines Widerspruchs gegen eine ordentliche Kündigung nach § 102 III BetrVG nicht auf Leiharbeitnehmer. Die *Weiterbeschäftigungspflicht* nach § 102 V BetrVG ist überflüssig, da der Leiharbeitnehmer sowieso beim Verleiher weiterbeschäftigt wird. Eine Notwendigkeit des Arbeitsplatzschutzes beim Entleiher besteht also nicht. Die *kündigungsschutzrechtlichen Auswirkungen* nach § 1 II S. 2 KSchG können mangels Erfüllung der sechsmonatigen Beschäftigungsdauer im gleichen Betrieb gem. § 1 I KSchG niemals Bedeutung gewinnen. Der Entleiherbetriebsrat hat also bei der Zurückweisung eines Leiharbeitnehmers durch den Entleiher weder ein Anhörungs- noch ein Mitbestimmungsrecht[84]. Für diese Auffassung spricht auch die Praktikabilität des Ergebnisses, da bei einer belanglosen Arbeitgebermaßnahme wie der Zurückweisung eines Leiharbeitnehmers der innerbetriebliche Beteiligungsmechanismus nicht in Bewegung gesetzt werden muß.

d) Entfernung betriebsstörender Arbeitnehmer

Gem. § 104 BetrVG kann der Betriebsrat vom Arbeitgeber die Entlassung oder Versetzung von Arbeitnehmern verlangen, die durch gesetzwidriges Verhalten oder durch grobe Verletzung der in § 75 I BetrVG enthaltenen Grundsätze den Betriebsfrieden wiederholt ernstlich gestört haben. Kommt der Arbeitgeber dem Verlangen des Betriebsrats nicht nach, so kann der Betriebsrat beim Arbeitsgericht beantragen dem Arbeitgeber aufzuerlegen, die Entlassung oder Versetzung durchzuführen. Auf Antrag kann der Arbeitgeber durch das Arbeitsgericht durch Geldstrafen zu der Durchführung der Maßnahmen angehalten werden.

Da die Leiharbeitnehmer zu der Belegschaft in ebenso engen Kontakt treten wie sonstige betriebliche Arbeitnehmer, ist ein Schutzinteresse der Belegschaft vor betriebsstörenden Leiharbeitnehmern unverkennbar. Ein Ansatzpunkt für den Anspruch aus § 104 BetrVG ist jedoch nur dann gegeben, *wenn die Arbeitgeberstellung des Entleihers so aus-*

---

[84] So im Ergebnis auch *Mumot*, Diss., S. 148 f.; a. A. *Ramm*, DB 1973, S. 1175.

gestaltet ist, daß er eine innerbetriebliche Versetzung oder eine Zurückweisung aussprechen kann. Ansonsten wird man vom Entleiher lediglich verlangen können, beim Verleiher auf eine Abberufung hinzuwirken[85].

9. Mitbestimmung in wirtschaftlichen Angelegenheiten

Auch bei den Mitwirkungs- und Mitbestimmungsrechten nach §§ 106 ff. BetrVG stellt sich die Frage, ob die Aufspaltung der Arbeitgeberstellung Konsequenzen für das Betriebsverfassungsrecht hat. Der Einsatz von Leiharbeitnehmern könnte Auswirkungen auf die Bildung von Wirtschaftsausschüssen im Entleiherunternehmen haben. Daneben ist zu klären, ob die Interessen der Leiharbeitnehmer bei einer Betriebsänderung des Entleiherbetriebs in den Interessenausgleich und den Sozialplan Eingang finden können.

a) Bildung eines Wirtschaftsausschusses

Gemäß § 106 I S. 1 BetrVG ist in allen Unternehmen mit in der Regel mehr als einhundert ständig Beschäftigten ein Wirtschaftsausschuß zu bilden. Unabhängig von der Frage, ob nach dem Normzweck des § 106 BetrVG Leiharbeitnehmer Arbeitnehmern des Unternehmens gleichgestellt werden können, scheitert eine Berücksichtigung der Leiharbeitnehmer bei der Festlegung der Mindestarbeitnehmerzahl jedenfalls an der fehlenden ständigen Beschäftigung der gewerblich überlassenen Leiharbeitnehmer. Das Tatbestandsmerkmal „ständige Beschäftigung" ist von der Arbeitsaufgabe her zu bestimmen[86]. Die Leiharbeitnehmer gehören auf Grund der ihnen übertragenen Arbeitsaufgabe nur vorübergehend dem Entleiherunternehmen an. Leiharbeitnehmer werden nicht auf einen Arbeitsplatz berufen, der ständig von ihnen zu besetzen ist. Ein Charakteristikum der Tätigkeit der Leiharbeitnehmer ist vielmehr gerade der nur vorübergehende, periodische Einsatz im Entleiherbetrieb. Selbst wenn Leiharbeitnehmer auf unbestimmte Zeit eingestellt werden, sind sich die Beteiligten dennoch darüber einig, daß es sich nur um eine Aushilfstätigkeit von absehbarer Zeit und nicht um eine ständige Beschäftigung handelt[87].

Bei der Ermittlung der Voraussetzungen für die Errichtung eines Wirtschaftsausschusses nach § 106 I BetrVG sind also die gewerblich überlassenen Leiharbeitnehmer nicht mitzurechnen.

---

[85] Für eine analoge Anwendung des § 104 BetrVG: *Mumot,* Diss., S. 150; *Ramm,* DB 1973, S. 1174; a. A. aus dogmatischen Gründen *Becker,* BlStSoz ArbR 1973, S. 135.

[86] *Dietz / Richardi,* § 1 Anm. 110; *Fitting / Auffarth / Kaiser,* § 1 Anm. 58.

[87] Im Ergebnis ebenso für die Leiharbeitnehmer *Fitting / Auffarth / Kaiser,* § 1 Anm. 58.

b) Betriebsänderungen

Das Betriebsverfassungsgesetz von 1972 hat abweichend vom Betriebsverfassungsgesetz von 1952 die Beteiligung des Betriebsrats bei geplanten Betriebsänderungen zweispurig gestaltet. Es ist zwischen *Interessenausgleich* und *Sozialplan* zu unterscheiden.

Zweck des Interessenausgleichs ist der Schutz der Arbeitnehmerinteressen bei Durchführung von unternehmerischen Maßnahmen, die wesentliche Nachteile für die Belegschaft zur Folge haben. Der Sozialplan hingegen ist gem. § 112 I S. 2 BetrVG die Einigung über den Ausgleich oder die Milderung der wirtschaftlichen Nachteile, die den Arbeitnehmern infolge der geplanten Betriebsänderung entstehen. Es ist zu untersuchen, ob der Einsatz von Leiharbeitnehmern Rückwirkungen auf den Interessenausgleich und den Sozialplan hat.

aa) Interessenausgleich

Obwohl die Leiharbeitnehmer im Entleiherbetrieb Arbeit leisten, werden sie dennoch von Betriebsänderungen nicht entscheidend berührt. Unternehmerisch-wirtschaftliche Entscheidungen des Entleihers wirken sich wegen des vorübergehenden Charakters der Beschäftigung zumeist erst dann aus, wenn die Leiharbeitnehmer das Unternehmen bereits wieder verlassen haben. Daneben treffen wirtschaftliche Entscheidungen des Entleihers die Belegschaft grundsätzlich wesentlich intensiver als Leiharbeitnehmer. Die Einschränkung oder Stillegung eines Betriebs oder von wesentlichen Betriebsteilen führt bei Leiharbeitnehmern nie zu einem Verlust des Arbeitsplatzes, da die arbeitsvertraglichen Beziehungen zum Entleiher unberührt bleiben. Auch eine Verlegung des Entleiherbetriebs oder von wesentlichen Betriebsteilen trifft den Leiharbeitnehmer nicht ungebührlich hart, da dieser sowieso mit einem Einsatz in wechselnden Betrieben rechnen muß. Wegen der nur vorübergehenden Beschäftigung im Entleiherbetrieb braucht der Betriebsrat auch bei einem Zusammenschluß mit anderen Betrieben, bei einer grundlegenden Änderung der Betriebsorganisation, des Betriebszweckes oder der Betriebsanlagen sowie bei der Einführung grundsätzlich neuer Arbeitsmethoden und Fertigungsverfahren die Interessen der Leiharbeitnehmer bei einem Interessenausgleich nicht gesondert zu berücksichtigen.

Zusammenfassend bleibt also festzuhalten, daß bei einem Interessenausgleich zwischen Unternehmer und Betriebsrat über eine geplante Betriebsänderung die Beschäftigung von Leiharbeitnehmern eine völlig untergeordnete Rolle spielt.

bb) Sozialplan

Die Einbeziehung der Leiharbeitnehmer in den Sozialplan würde voraussetzen, daß diese durch eine Betriebsänderung wirtschaftliche Nachteile erleiden können. Durch die arbeitsvertragliche Bindung der Leiharbeitnehmer an den Verleiher ist dies aber gerade ausgeschlossen. Der Leiharbeitnehmer ist nur ganz lose mit dem Schicksal des Entleiherbetriebs verknüpft. Die Beschäftigungsbasis der gewerblich überlassenen Arbeitnehmer bildet das Verleihunternehmen. Die umfassende wirtschaftliche Absicherung durch das Verleihunternehmen macht also die Einbeziehung der Leiharbeitnehmer in den Sozialplan des Entleiherunternehmens überflüssig.

§ 8 Einzelheiten der betriebsverfassungsrechtlichen Behandlung von Gestellungsverhältnissen

I. Probleme

Die Frage nach der betriebsverfassungsrechtlichen Behandlung von Gestellungsverhältnissen wirft eine Reihe von Problemen auf, welche teils aus den Dreiecksbeziehungen der Beteiligten, teils aus dem Spannungsverhältnis zwischen kirchlichem Dienst und Arbeitsrecht und teils aus dem speziellen betriebsverfassungsrechtlichen Arbeitnehmerbegriff des § 5 II Nr. 3 BetrVG resultieren.

II. Untersuchungsverfahren

Einzelaussagen über die betriebsverfassungsrechtliche Behandlung des Gestellungsverhältnisses sind nur dann zu treffen, wenn man die Rechtsbeziehungen zwischen gestellter Person und Mutterhaus auf der einen Seite und zwischen gestellter Person und „Entleiherbetrieb" auf der anderen Seite einer gesonderten Untersuchung unterzieht. Im Rahmen dieser Untersuchung kann gleichzeitig geklärt werden, wie sich das Spannungsverhältnis zwischen kirchlichem Dienst und Arbeitsrecht auswirkt, ferner inwieweit die gestellten Personen dem Betriebsverfassungsrecht unterfallen.

III. Betriebsverfassungsrechtliche Behandlung des Mutterhauses

Die Rechtsbeziehungen zwischen gestellter Person und Mutterhaus können unterschiedlich ausgestaltet sein. Für jeden Einzelfall ist zu prüfen, ob und gegebenenfalls inwieweit Betriebsverfassungsrecht Anwendung finden kann.

1. Gestellungsvertrag und Kirchenautonomie

Als erstes ist die Frage zu beantworten, ob auf die Rechtsbeziehungen zwischen Orden, Säkularinstituten der röm.-kath. Kirche und Diakonischem Werk der Evangelischen Kirche auf der einen Seite und deren Mitgliedern auf der anderen Seite Betriebsverfassungsrecht anwendbar ist. Das Betriebsverfassungsgesetz findet keine Anwendung auf Religionsgemeinschaften und ihre karitativen und erzieherischen

Einrichtungen unbeschadet deren Rechtsform (§ 118 II BetrVG). Damit wird der durch Art. 140 GG rezipierte Art. 137 Abs. 3 WeimRV konkretisiert[1]. Auch wenn der Begriff der Religionsgemeinschaft nicht durch das Gesetz näher umschrieben wird, so ist man sich dennoch heute einig, daß die Niederlassungen von *Orden sowie die Säkularinstitute der röm.-kath. Kirche*[2] nicht unter den Geltungsbereich des Betriebsverfassungsgesetzes fallen. Ordensmitglieder, wie etwa die Mallersdorfer Schwestern oder die Vinzentinerinnen, und Mitglieder von Kongregationen — beide unterscheiden sich im wesentlichen nur darin, daß in Orden feierliche, in den Kongregationen einfache Gelübde abgelegt werden[3] — werden im kirchlichen Bereich von den Regeln des Betriebsverfassungsrechts nicht erfaßt. Das gleiche gilt aber auch für *die Betriebe* des Diakonischen Werks der Evangelischen Kirche in Deutschland. Ausdrücklich sei nochmals darauf hingewiesen, daß damit selbstverständlich noch keine Entscheidung über die betriebsverfassungsrechtliche Behandlung der Mitglieder des Diakonischen Werks in den Betrieben, in welche sie abgestellt werden, gefallen ist. Dies soll vielmehr erst später untersucht werden. Die Einordnung des Diakonischen Werks mit der Inneren Mission bei § 118 II BetrVG ist nicht ganz unbestritten. Teilweise werden die Einrichtungen der Inneren Mission auch heute noch als Beispiel für Unternehmen mit konfessionellen Zielen genannt, so daß sie lediglich unter den Tendenzschutz des § 118 I BetrVG[4] fallen würden, überwiegend werden sie aber als Beispiele für die karitativen und erzieherischen Einrichtungen der Religionsgemeinschaften in § 118 II BetrVG aufgezählt[5]. Entscheidend für die betriebsverfassungsrechtliche Beurteilung des Diakonischen Werks mit der Inneren Mission ist nicht, ob sich die Kirche Organisations- und Ordnungsformen des weltlichen Rechts bedient, sondern, wie Richardi[6] zutreffend erarbeitet hat, ob diese Einrichtungen unmittelbar *Wesens- und Lebensäußerungen der Kirche* sind.

Dieser Teleologie entsprechend sind die karitativen Einrichtungen der Religionsgemeinschaften wegen § 118 II BetrVG aus dem Geltungsbereich des Betriebsverfassungsgesetzes ausgeklammert. Das Bundes-

---

[1] Vgl. *Dietz / Richardi,* § 118 Anm. 83 mit weiteren Nachweisen; a. A. nur *Fabricius,* in: GK, § 118 Anm. 142.

[2] BAG, AP Nr. 12 zu § 81 BetrVG mit zust. Anm. von *Mayer-Maly* = SAE 1970, S. 258 mit zust. Anm. von *Richardi; Dietz / Richardi,* § 118 Anm. 90.

[3] Vgl. *Hanstein,* Ordensrecht, § 3 I, S. 21 ff.; § 90 I, S. 295 ff.

[4] *Gnade / Kehrmann / Schneider,* § 114 Anm. 6.

[5] *Dietz / Richardi,* § 118 Anm. 31, 91; *Mayer-Maly,* AR-Blattei, Tendenzbetrieb I, K; *ders.,* in: Krankenhausstruktur, Betriebsverfassung und Kirchenautonomie, 1975, S. 44, 46; so jetzt auch *Fitting / Auffarth / Kaiser,* § 118 Anm. 32, anders aber in der 10. Auflage.

[6] ZevKR Bd. 19 (1974), S. 305 f.; *Dietz / Richardi,* § 118 Anm. 89.

arbeitsgericht hat dies bereits für Krankenhäuser, die von Säkularinstituten der katholischen Kirche geführt werden, ausgesprochen[7]. Doch auch die Betriebe des Diakonischen Werks der Evangelischen Kirche in Deutschland sind gem. Art. 15 I der Grundordnung der EKD Wesens- und Lebensäußerungen der Kirche.

2. Mitgliedschaftliche Bindung und Betriebsverfassungsrecht

Neben den Religionsgemeinschaften und ihren karitativen Einrichtungen nehmen auch die mitgliedschaftlich gebundenen Schwestern eine Sonderstellung ein. Soweit eine bestimmte Person von einer den individuellen Gegebenheiten besser gerecht werdenden, umfassenden Rechtsbeziehung ergriffen wird, kann das Arbeitsrecht abgelöst werden. Eine solche speziellere Rechtsbeziehung ist das Mitgliedschaftsverhältnis zwischen den Rotkreuzschwestern und ihren Mutterhäusern. Aus diesem Grund ist die Geltung des staatlichen Betriebsverfassungsgesetzes im Verhältnis zwischen den Rotkreuzschwestern und ihren Mutterhäusern ausgeschlossen.

Trotzdem wird man mit Recht von den Schwesternschaften des Deutschen-Roten-Kreuzes fordern müssen, daß auch sie durch die mitgliedschaftliche Ausgestaltung ihrer Beziehungen zu den Schwestern nicht hinter dem kollektivrechtlichen Standard des Arbeitsrechts zurückbleiben. Auch wenn das Betriebsverfassungsrecht nicht unmittelbar Anwendung finden kann, ist es trotzdem *Zielvorgabe* für ein, der arbeitsrechtlichen Interessensituation ähnelndes Mitgliedschaftsverhältnis. Ein über Arbeitnehmerbegriff und Arbeitsverhältnis hinausweisendes Verständnis der staatlichen Mitbestimmungsordnung als kollektivrechtlicher Schutzmechanismus gegen Fremdbestimmung erfordert die Wirksamkeit von Betriebsverfassungsrecht für alle Bereiche, in denen von der Funktion her eine Arbeitgeberposition oder arbeitgeberähnliche Fremdbestimmung gegeben ist. *Die Schwesternschaften sind deshalb gehalten kraft ihrer autonomen Ordnung ein den Besonderheiten angepaßtes, aber in der Substanz ungeschmälertes Mitbestimmungsrecht zu schaffen.*

3. Schwestern überkonfessioneller Fach- und Berufsverbände

a) Grundsatz

Von den ausgeführten Besonderheiten abgesehen unterfallen die Rechtsbeziehungen zwischen den sonstigen Mutterhäusern und den ge-

---

[7] BAG, AP Nr. 12 zu § 81 BetrVG 1952 mit zust. Anm. von *Mayer-Maly* = SAE 1970, S. 258 ff. mit zust. Anm. von *Richardi*.

stellten Personen dem Betriebsverfassungsgesetz. Dies gilt insbesondere für die Schwestern überkonfessioneller Fach- und Berufsverbände. Diese Schwestern stehen in einem Arbeitsverhältnis zu ihrem Verband. Die Schwestern erhalten darüber hinaus eine der marktgerechten Bewertung ihrer Arbeitskraft entsprechende Vergütung. Da die Tätigkeit der Schwestern diesen ein normales Arbeitseinkommen verschafft, fallen sie als betriebliche Arbeitnehmer nicht unter den Anwendungsbereich des das Betriebsverfassungsrecht ausschließenden § 5 II Nr. 3 BetrVG.

b) *Betriebsrat, Betriebsversammlung, Beteiligungsrechte*

Da die Stellung der in einem Arbeitsverhältnis zum Mutterhaus stehenden Schwestern in jeder Hinsicht mit der von Leiharbeitnehmern vergleichbar ist, kann, um Wiederholungen zu vermeiden, insgesamt auf die Ausführungen beim Leiharbeitsverhältnis verwiesen werden. Die gestellten Schwestern haben im Mutterhaus den gleichen Status wie die Leiharbeitnehmer im Verleiherbetrieb. Die Zusammensetzung und die Wahl des Betriebsrats, die Freistellung von Betriebsratsmitgliedern, die Teilnahme an Betriebsversammlungen sowie die Beteiligungsrechte sind nach den gleichen Grundsätzen zu beurteilen wie beim Leiharbeitsverhältnis.

IV. Betriebsverfassungsrechtliche Behandlung der auf Grund Gestellungsvertrag Tätigen im Betrieb, wo die Arbeitsleistung erbracht wird

Bei der Untersuchung der betriebsverfassungsrechtlichen Behandlung der auf Grund Gestellungsvertrag im Entleiherbetrieb Tätigen sind drei Aspekte zu berücksichtigen:

1. Das Betriebsverfassungsgesetz ist nicht auf alle Betriebe, welche gestellte Personen beschäftigen, anwendbar.
2. Personen, deren Beschäftigung nicht in erster Linie ihrem Erwerb dient, sondern vorwiegend durch Beweggründe karitativer oder religiöser Art bestimmt ist, sind gem. § 5 II Nr. 3 BetrVG von der Anwendung des Betriebsverfassungsgesetzes ausgeschlossen.
3. Soweit das Betriebsverfassungsgesetz grundsätzlich anwendbar ist, ist im Einzelfall zu prüfen, ob der Normzweck die Erstreckung der Vorschriften des Betriebsverfassungsgesetzes auf die Rechtsbeziehungen zwischen gestelltem Personal und Entleiherbetrieb erfordert.

1. Betriebe, auf die Betriebsverfassungsrecht anwendbar

Da nicht auf alle Betriebe, in denen Personen auf Grund eines Gestellungsvertrags Arbeit leisten, dem Betriebsverfassungsgesetz unterfallen, ist zu untersuchen, auf welche Betriebe überhaupt Betriebsverfassungsrecht anwendbar ist.

a) Schulen

Ein Bereich, in dem Gestellungsverträge abgeschlossen werden, ist der schulische. Nachdem die öffentlichen Schulen dem Anwendungsbereich der Personalvertretungsgesetze (vgl. auch § 130 BetrVG) unterfallen, bleiben für die betriebsverfassungsrechtliche Untersuchung nur Privatschulen und Internate. Als Unternehmen mit erzieherischen Zielen gilt für sie § 118 I BetrVG[8], das heißt Betriebsverfassungsrecht ist, wenn auch nur eingeschränkt, anwendbar. Soweit derartige Einrichtungen von Religionsgemeinschaften betrieben werden, findet allerdings § 118 II BetrVG Anwendung[9].

b) Krankenhäuser, Altersheime etc.

Die Anwendung von Betriebsverfassungsrecht ist *überhaupt ausgeschlossen* im Bereich des Selbstorganisationsrechts der Kirchen und Religionsgemeinschaften sowie für den Anwendungsbereich der Personalvertretungsgesetze des Bundes und der Länder. Folgt man der Unterscheidung zwischen öffentlichen, freigemeinnützigen und privaten Krankenanstalten[10], so kommt die Anwendung des BetrVG nur bei privaten Krankenhäusern und den nicht dem Selbstorganisationsrecht der Kirchen unterfallenden freigemeinnützigen Krankenhäusern in Betracht[11]. Dies dürften etwa ein Drittel[12] der Krankenanstalten der Bundesrepublik sein.

Weiter verdient besonderer Berücksichtigung, daß die Krankenhäuser, soweit sie nicht durch § 118 II BetrVG von der Anwendung des BetrVG überhaupt ausgeschlossen sind, Tendenzbetriebe im Sinne von § 118 I BetrVG sein können. Unter § 118 I BetrVG fallen Unternehmen mit konfessionellen und karitativen Zielen. Dabei wäre es im Ansatz verfehlt, konfessionelle und karitative Bestrebungen als gänzlich unterschiedlich nebeneinander stehend anzusehen. Anders als im § 118 II

---

[8] *Dietz / Richardi,* § 118 Anm. 35; *Fitting / Auffarth / Kaiser,* § 118 Anm. 13.

[9] *Dietz / Richardi,* § 118 Anm. 35, 91; *Fitting / Auffarth / Kaiser,* § 118 Anm. 13.

[10] Zu dieser Typologie vgl. etwa *Völpel,* Betriebsrat und Krankenhaus, in: Arztrecht 1972, 107; *Maunz,* VSSR 1973, S. 267 (269).

[11] Vgl. *Mayer-Maly,* Krankenhausstruktur, Betriebsverfassung und Kirchenautonomie, 1975, S. 33.

[12] *Völpel,* S. 108.

BetrVG ist bei Absatz 1 der Begriff der Caritas aus dem kirchlichen Verständnis des Lebens in der Nachfolge Christi gelöst, „gleichsam säkularisiert“[13]. Keine conditio sine qua non ist die Unentgeltlichkeit[14]. Auch gewinnwirtschaftliche Unternehmensgrundsätze bei der Führung von Krankenhäusern stehen der Sonderstellung als Tendenzbetrieb nicht grundsätzlich entgegen[15]. Die Führung des Krankenhauses als Wirtschaftsbetrieb[16] sichert häufig nur dessen Existenz. Wie das Bundesarbeitsgericht[17] ausdrücklich festgestellt hat, hindert diese auf Existenzsicherung gerichtete Wirtschaftlichkeit nicht den Tendenzschutz[18]. Die geistig-ideelle Haltung des Karitativen im Sinne v. § 118 I BetrVG prägt alle *freigemeinnützigen Krankenhäuser*[19]. Private Krankenhäuser hingegen, die ausschließlich nach kommerziellen Gesichtspunkten geführt werden, fallen nicht unter § 118 I BetrVG[20].

Resümierend läßt sich also feststellen, daß nur auf einen geringen Teil der Betriebe (Schulen, Krankenhäuser, Altersheime etc.), in denen Personen auf Grund von Gestellungsverträgen tätig werden, überhaupt Betriebsverfassungsrecht Anwendung finden kann. Darüber hinaus werden einige dieser Betriebe vom Tendenzschutz des § 118 I BetrVG betroffen, d. h. die Vorschriften des Betriebsverfassungsgesetzes finden keine Anwendung, soweit die Eigenart des Unternehmens oder Betriebes dem entgegensteht.

2. § 5 II Nr. 3 BetrVG

Die Anwendung von Betriebsverfassungsrecht im Verhältnis zwischen den gestellten Personen und dem Entleiher kann ferner an § 5 II Nr. 3 BetrVG scheitern. Nach § 5 II Nr. 3 BetrVG gelten nicht als Arbeitnehmer im Sinne des Betriebsverfassungsgesetzes Personen, deren Beschäftigung nicht in erster Linie ihrem Erwerb dient, sondern vor-

---

[13] *Dietz / Richardi*, § 118 Anm. 32.

[14] *Dietz / Richardi*, § 118 Anm. 32; *Nikisch*, Bd. III, S. 50; *Mayer-Maly*, Krankenhausstruktur, Betriebsverfassung und Kirchenautonomie, S. 35; a. A. *E. Frey*, Tendenzbetrieb, S. 57; *Hessel*, BB 1956, S. 406.

[15] *Völpel*, S. 108; zustimmend *Mayer-Maly*, Krankenhausstruktur, Betriebsverfassung und Kirchenautonomie, S. 35.

[16] Vgl. *Eichhorn*, Krankenhausbetriebslehre Bd. II (1973), S. 247 ff.

[17] Zum BetrVG von 1952: BAG, AP Nr. 13 zu § 81 BetrVG.

[18] Für die Möglichkeit untergeordneter wirtschaftlicher Zwecke zur Selbsterhaltung und Zweckverwirklichung im karitativen Tendenzbetrieb auch *E. Frey*, Der Tendenzschutz im Betriebsverfassungsgesetz, 1974, S. 28.

[19] *Mayer-Maly*, Krankenhausstruktur, Betriebsverfassung und Kirchenautonomie, S. 35; *Völpel*, S. 107; a. A. *Frey*, Der Tendenzbetrieb, 1959, S. 59; aber dagegen wiederum BAG, Beschluß v. 19. 12. 1969, AP Nr. 12 zu § 81 BetrVG.

[20] *Dietz / Richardi*, § 118 Anm. 32; *Fitting / Auffarth / Kaiser*, § 118 Anm. 7, 12; *Gnade / Kehrmann / Schneider*, § 118 Anm. 7.

wiegend durch Beweggründe karitativer oder religiöser Art bestimmt ist. Die Sperrwirkung, welche § 5 II Nr. 3 BetrVG entfaltet, muß in gleichem Ausmaß auch für gestellte Personen gelten. Soweit diese auf Grund religiöser oder karitativer Motivation keine primär erwerbsdienliche Beschäftigung ausüben, stehen sie unter einer das Betriebsverfassungsrecht ausschließenden selbst gewählten Lebensordnung. Es ist deshalb zu untersuchen, ob die gestellten Ordensmitglieder, Diakonissen, Rotkreuz-Schwestern und sonstigen Personen im Verhältnis zum Entleiherbetrieb von § 5 II Nr. 3 BetrVG erfaßt werden.

a) Ordensmitglieder und Diakonissen

Heute wird anerkannt, daß *Ordensmitglieder*, soweit sie in einem Arbeitsverhältnis stehen, nicht zwangsläufig unter den Anwendungsbereich des § 5 II Nr. 3 BetrVG fallen[21]. Es besteht aber ein wesentlicher Unterschied, ob eine Person Arbeitnehmer eines Dritten ist oder im großen und ganzen nur in bestimmten Fragen dessen Weisungsrecht unterworfen ist. Innerhalb des Gestellungsverhältnisses ist durch das Überwiegen der Rechtsbeziehungen zwischen Orden und Mitglied die religiöse Bestimmung der Arbeitsleistung dominierend. Wegen § 5 II Nr. 3 BetrVG sind deshalb die Beziehungen zwischen den gestellten Ordensmitgliedern und dem Entleiher dem Betriebsverfassungsgesetz entzogen.

Für die *Diakonissen* gilt das gleiche, soweit ihre Stellung der von katholischen Ordensmitgliedern vergleichbar ist. Da die Ausgestaltung des Rechtsverhältnisses zwischen Mutterhaus und Schwester sehr unterschiedlich ist[22], kann insoweit keine einheitliche Beurteilung erfolgen.

b) Rotkreuz-Schwestern

Die Anwendbarkeit von Betriebsverfassungsrecht im Verhältnis zwischen Rotkreuz-Schwestern und Entleiher könnte — abgesehen von § 75 I BetrVG — dann generell ausscheiden, wenn deren Beschäftigung nicht in erster Linie dem Erwerb dienen würde, sondern vorwiegend durch Beweggründe karitativer Art bestimmt wäre.

Zur Ermittlung der Voraussetzungen des früheren § 4 II lit. d BetrVG 1952 und des inhaltsgleichen § 5 II Nr. 3 BetrVG 1972 bedient sich Nikisch[23] für den Bereich der Schwesternschaften vom Roten Kreuz nicht der Beweggründe der Einzelperson, sondern der Zielsetzung der Schwesternschaft. Die Übertragung der gesetzlichen Merkmale von den einzelnen Schwestern auf die Schwesternschaft stellt aber, wie Mayer-

[21] So *Richardi*, in: Dietz / Richardi, § 5 Anm. 90; *ders.*, in: SAE 1970, S. 262.

[22] Vgl. *Teich*, S. 80 ff.

[23] *Nikisch*, Festschrift für A. Hueck, S. 6 ff.

Maly[24] eingehend nachgewiesen hat, ein unzulässiges Verfahren dar. Dies ergibt sich sowohl aus der Entstehungsgeschichte des § 10 Abs. 2 Betriebsrätegesetz[25] vom 4. 2. 1920, dessen Diktion das Betriebsverfassungsgesetz weitgehend übernommen hat, als auch aus einem Vergleich zwischen § 5 II BetrVG und § 118 BetrVG. Nur die gesetzliche Konzeption, welche für die Anwendung des § 118 BetrVG die Betriebstendenz, für § 5 II BetrVG aber die Zielsetzung des Beschäftigten ausschlaggebend sein läßt, beläßt den beiden Bestimmungen des Gesetzes einen sinnvollen Wirkungsraum.

Im Verhältnis von Rotekreuz-Schwester und Entleiherbetrieb kommt deshalb dann Betriebsverfassungsrecht zur Anwendung, wenn die Merkmale des § 5 II Nr. 3 BetrVG nicht in der Person der Schwestern vorliegen. Mayer-Maly[26] hat in seinem vielbeachteten Gutachten das Verhältnis zwischen objektiven und subjektiven Faktoren[27] des jetzigen § 5 II Nr. 3 BetrVG herausgearbeitet. Danach kommt es bei der Erwerbsdienlichkeit nicht auf eine subjektive Motivation, sondern auf einen objektiven Funktionszusammenhang an. Mayer-Maly meint[28], daß man die Erwerbsdienlichkeit immer dann bejahen kann, „wenn sie dem Beschäftigten eine der marktgerechten Bewertung des Einsatzes seiner Arbeitskraft entsprechende Vergütung verschafft". Das weitere Tatbestandsmerkmal in § 5 II Nr. 3 BetrVG, die *Bestimmung* durch religiöse oder karitative Beweggründe, sieht Mayer-Maly[29] auf Grund des Postulats der maximalen Voraussehbarkeit von Gerichtsentscheidungen, die nur bei Abstellen auf quantitative Elemente, nicht aber auf reine Motivationen gewährleistet werden, dann als indiziert an, wenn der „Erwerbserfolg unter die Hälfte der den Verhältnissen am Arbeitsmakrt entsprechenden Bewertung der Arbeitskraft eines Beschäftigten" liegt.

Die Tätigkeit der Rotkreuz-Schwestern wird nach den Arbeitsbedingungen des Deutschen Roten Kreuzes vergütet, welche in etwa dem des Bundesangestelltentarifvertrags entsprechen. Die *Schwestern vom Deutschen Roten Kreuz* sind deshalb *nicht wegen § 5 II Nr. 3 BetrVG von dem betriebsverfassungsrechtlichen Arbeitnehmerbegriff und* damit von der Anwendung des Betriebsverfassungsrechts *ausgeschlossen*[30].

---

[24] *Mayer-Maly*, Erwerbsabsicht und Arbeitnehmerbegriff, S. 14 ff.; vgl. auch *Reuss*, RdA 1956, S. 210.

[25] Vgl. hierzu auch *Flatow / Kahn-Freund*, Betriebsrätegesetz (1931), S. 95 ff.

[26] Ebd., S. 21 ff.; ihm folgend *Dietz / Richardi*, § 5 Anm. 89.

[27] Vgl. hierzu auch *Girgensohn*, S. 22.

[28] Ebd., S. 23.

[29] Ebd., S. 25.

[30] Für die Einbeziehung der Krankenschwestern mit Ausnahme der Ordensschwestern und Diakonissen auch *Mayer-Maly*, in: Krankenhausstruktur, Betriebsverfassung und Kirchenautonomie, 1975, S. 16.

c) *Sonstige*

Außer Ordensmitgliedern, Diakonissen und Rotkreuz-Schwestern befinden sich noch Schwestern überkonfessioneller Fach- und Berufsverbände und freie Schwestern in Gestellungsverhältnissen. — Auf „freie" d. h. keiner Schwesternorganisation angehörige Schwestern greifen die Gestellungsverträge abschließenden Schwesternorganisationen dann zurück, wenn der Bedarf an Schwestern nicht mehr mit Mitgliedern gedeckt werden kann. — Sowohl auf die Schwestern überkonfessioneller Fach- und Berufsverbände als auch auf die freien Schwestern kann das Betriebsverfassungsgesetz Anwendung finden, da die Arbeitsleistung den Schwestern ein normales Arbeitseinkommen verschafft.

Zusammenfassend läßt sich feststellen, daß Ordensmitglieder und vergleichbare Diakonissen, nicht aber Rotkreuz-Schwestern, Schwestern überkonfessioneller Fach- und Berufsverbände sowie freie Schwestern durch § 5 II Nr. 3 BetrVG von dem Anwendungsbereich des Betriebsverfassungsgesetzes ausgeschlossen sind.

3. Grundsätzliches

Anders als bei allen bisher untersuchten Phänomenen kann bei Gestellungsverhältnissen entweder die Aufspaltung eines Arbeitsverhältnisses oder eines Mitgliedschaftsverhältnissen erfolgen. Soweit ein *Arbeitsverhältnis* eine Aufspaltung erfährt, ist die Rechtslage im Entleiherbetrieb wie bei einem Leiharbeitsverhältnis, d. h. durch die Aufspaltung dürfen die Rechtsbeziehungen der Beteiligten nicht dem Anwendungsbereich des Betriebsverfassungsgesetzes entzogen werden.

Mitgliedschaftsverhältnisse hingegen unterfallen grundsätzlich nicht dem Anwendungsbereich des Arbeitsrechts. Davon ist dann eine Ausnahme zu machen, wenn durch die Aufspaltung des Mitgliedschaftsverhältnisses bestimmte Rechtsbeziehungen aus der körperschaftlichen Bindung entlassen werden. Das führt dazu, daß nunmehr wieder die allgemeinen Regeln gelten müssen. Der Grund für das Zurücktreten der arbeitsrechtlichen Ordnung gegenüber dem Mitgliedschaftsverhältnis ist das Bestehen einer speziellen Ordnung. Wo diese spezielle Ordnung aber in ihrer Wirkung beschränkt ist und nicht mehr alle Rechtsbeziehungen abdeckt, gilt subsidiär Arbeitsrecht. Die autonom geschaffene Mitbestimmungsordnung der Körperschaften, welche Gestellungsverträge abschließen, vermag ihre Geltung nicht auf die Rechtsbeziehungen zwischen Krankenhausträger und gestelltem Mitglied zu erstrecken, deshalb gilt Betriebsverfassungsrecht.

Dies läßt sich an einem Beispiel erläutern. Die Mitbestimmungsordnung der Rotkreuz-Mutterhäuser gilt nur im Verhältnis zwischen Mutterhaus und Rotkreuzschwester, nicht aber auch im Verhältnis zwischen Entleiherkrankenhaus und Schwester. Der Krankenhausträger als Dritter kann nicht in die mitgliedschaftliche Mitbestimmungsordnung integriert werden, also muß, um die Rechtsbeziehung zwischen Rotkreuz-Schwestern und Entleiher nicht jeder Mitbestimmungsordnung zu entziehen, das allgemeine Betriebsverfassungsrecht gelten.

Zusammenfassend ist also die These zu formulieren, daß sowohl die arbeitsvertraglich, als auch die mitgliedschaftlich gebundenen Personen in ihrem Verhältnis zum Entleiher grundsätzlich dem Betriebsverfassungsrecht unterliegen. Diese gewonnene Erkenntnis ist nunmehr auf die Einzelfragen der betriebsverfassungsrechtlichen Behandlung der gestellten Personen anzuwenden.

4. Wahlrecht

a) Aktives Wahlrecht

Die Entscheidung darüber, ob den gestellten Personen im Entleiherbetrieb ein aktives Wahlrecht einzuräumen ist, ist schwer zu treffen. Es sprechen gewichtige Gesichtspunkte sowohl dafür, als auch dagegen.

Für die Einräumung des aktiven Wahlrechts spricht die Tatsache, daß der Entleiher eine partielle Arbeitgeberstellung ausübt. Weiter spricht dafür, daß die gestellten Personen auf Grund der langen Beschäftigungsdauer stärker in den Entleiherbetrieb integriert werden als etwa Zeitarbeiter. Schließlich ist im Grundsatz auch eine Legitimation des Betriebsrats durch die gestellten Personen geboten, soweit dieser Beteiligungsrechte für die gestellten Personen wahrnimmt.

Gegen eine Ausdehnung des aktiven Wahlrechts spricht die nur geringfügige Arbeitgeberstellung des Entleihers, welche sich häufig in einem Weisungsrecht in medizinischen Angelegenheiten erschöpft. Daneben ergäbe sich aus einem aktiven Wahlrecht des gestellten Personals die Gefahr einer Majorisierung der betrieblichen Arbeitnehmer. Exklusivverträge zwischen Mutterhäusern und Krankenhausträgern führen häufig dazu, daß die gesamte Schwesternschaft eines Krankenhauses ausschließlich durch ein Mutterhaus gestellt wird. Würde man nun diesen Schwestern ein aktives Wahlrecht einräumen, so könnte die Schwesternschaft als größte Beschäftigtengruppe die betrieblichen Arbeitnehmer majorisieren. Der Betriebsrat würde deshalb für den Großteil seiner Aufgaben nicht das wahre Kräfteverhältnis innerhalb der Belegschaft widerspiegeln. Für all die Aufgaben, welche nur die betrieblichen Arbeitnehmer beträfen, wäre die Zusammensetzung des Betriebsrats nicht repräsentativ. Dies wäre eine untragbare Situation. Das in diesem Fall gewichtigere Belegschaftsinteresse verbietet es also, den gestellten Personen ein aktives Wahlrecht einzuräumen.

Für die Frage der Legitimation des Entleiherbetriebsrats, auch für die gestellten Personen zu handeln, gilt das zum Leiharbeitsverhältnis Ausgeführte.

b) Passives Wahlrecht

Wählbar sind nach § 8 BetrVG nur Wahlberechtigte. Mit der Ablehnung eines aktiven Wahlrechts für die gestellten Personen ist gleichzeitig auch die negative Entscheidung über das passive Wahlrecht gefallen.

5. Betriebsratsfähigkeit, Größe des Betriebsrats, Freistellung von Betriebsratsmitgliedern

Die gestellten Personen spielen für die *Betriebsratsfähigkeit* des Entleiherbetriebs gem. § 1 BetrVG keine Rolle. Sie sind weder wahlberechtigte Arbeitnehmer noch mit diesen gleichgestellt.

Auch für die *Zahl der Betriebsratsmitglieder* sind die gestellten Personen nicht berücksichtigungsfähig. Dies ist offensichtlich, soweit § 9 BetrVG auf wahlberechtigte Arbeitnehmer abstellt. Soweit § 9 BetrVG bei höheren Beschäftigtenzahlen die Zahl der Arbeitnehmer ausschlaggebend sein läßt, ist zu berücksichtigen, daß die geringe Intensität der Rechtsbeziehungen zum Entleiher es verbietet, die Gestellten mit den betrieblichen Arbeitnehmern gleichzubehandeln.

Für eine Berücksichtigung der gestellten Personen bei der *Freistellung von Betriebsratsmitgliedern* von ihrer beruflichen Tätigkeit nach § 38 BetrVG scheint die Integration der gestellten Personen in den Entleiherbetrieb zu sprechen. Dennoch verbietet es der Normzweck des § 38 BetrVG, das gestellte Personal zu berücksichtigen. Da alle wesentlichen Rechtsbeziehungen zum Mutterhaus und nicht zum Entleiher bestehen, bedürfen die gestellten Personen keiner besonderen Betreuung durch den Entleiherbetriebsrat. Soweit ein Betriebsratsmitglied freigestellt ist, kann es auch mit geringem zusätzlichen Aufwand die Gestellten mitbetreuen, eine zusätzliche Freistellung ist nicht erforderlich. Im übrigen ist zu beachten, daß nur wenige unter das Betriebsverfassungsgesetz fallende Betriebe, welche gestellte Personen beschäftigen, Beschäftigtenzahlen von über 300 Arbeitnehmern aufweisen können. Krankenhäuser, Altersheime und Kindergärten werden deshalb oftmals gar nicht unter den Anwendungsbereich des § 38 I BetrVG fallen.

6. Betriebsversammlung

Das Recht auf Teilnahme an den Betriebsversammlungen ist bei den gestellten Personen genauso zu beurteilen wie bei den Leiharbeitnehmern. Eine Teilnahme ist nur soweit erforderlich, als die gestellten Personen von den behandelten Themen betroffen werden. Es ist ohne weiteres möglich, die Tagesordnungspunkte, welche nur betriebliche Arbeitnehmer und die, welche auch gestellte Personen betreffen, gesondert zu behandeln.

7. Beteiligungsrechte

Das Gestellungsverhältnis ist eine besondere Form der Leiharbeit, welche kirchenrechtliche, mitgliedschaftliche und § 5 II Nr. 3 BetrVG betreffende Besonderheiten aufweist. Im Bereich der Beteiligungsrechte gelten im Entleiherbetrieb jedoch die gleichen Regeln wie bei der Leiharbeit. Um Wiederholungen zu vermeiden, ist für die Frage nach den betriebsverfassungsrechtlichen Beteiligungsrechten auf die Ausführungen beim Leiharbeitsverhältnis zu verweisen. Entscheidend ist stets, ob eine beschränkungswürdige Arbeitgeberstellung des Entleihers besteht. Die Legitimation des Entleiherbetriebsrats für die gestellten Personen tätig zu werden, ohne von ihnen mitgewählt zu sein, ist beim Wahlrecht behandelt worden.

8. Zusammenfassung

Obwohl das Gestellungsverhältnis eine Sonderform der Leiharbeit ist, weist es einige Besonderheiten auf. Teilweise ist die Anwendung von Betriebsverfassungsrecht wegen § 118 II BetrVG oder wegen Bestehens einer mitgliedschaftlichen Bindung zum Mutterhaus völlig ausgeschlossen. Was die Behandlung der gestellten Personen im Entleiherbetrieb anbelangt, so ergeben sich — abgesehen von § 5 II Nr. 3 BetrVG — keine Besonderheiten. Dies gilt auch für beim Mutterhaus mitgliedschaftlich gebundene Personen. Beim Entlassen einzelner, die Arbeitsleistung betreffender Rechtsbeziehungen aus einem Mitgliedschaftsverhältnis, tauchen der aufgespaltenen Arbeitgeberstellung vergleichbare Probleme auf.

§ 9 Einzelheiten der betriebsverfassungsrechtlichen Behandlung des Gesamthafenarbeitsverhältnisses

Da die Gesamthafenarbeiter teils der Arbeitgeberstellung des Gesamthafenbetriebs bzw. der Gesamthafenbetriebsgesellschaft, teils der des Hafeneinzelbetriebs ausgesetzt sind, ist getrennt zu untersuchen, in welchem Ausmaß — entsprechend der zu beschränkenden Arbeitgeberstellung — die Gesamthafenarbeiter in den Genuß des Betriebsverfassungsrechts kommen. Diese Untersuchung soll exemplarisch für die Arbeitnehmer des Gesamthafenbetriebs Hamburg durchgeführt werden. Eine Einzeluntersuchung aller deutschen Gesamthafenarbeitsverhältnisse, derer in Bremen, Bremerhaven, Hamburg, Kiel und Lübeck, würde den Rahmen dieser Arbeit sprengen. Ferner genügt es wegen der Ähnlichkeit aller Gesamthafenarbeitsverhältnisse, auf den größten Gesamthafenbetrieb, den in Hamburg, näher einzugehen.

I. Gesamthafenbetriebsgesellschaft

Als erstes ist zu prüfen, in welchem Ausmaß Betriebsverfassungsrecht im Verhältnis Gesamthafenbetriebsgesellschaft — Gesamthafenarbeiter Anwendung finden kann. Die Gesamthafenbetriebs-Gesellschaft m. b. H. Hamburg übt, wie an früherer Stelle eingehend gezeigt wurde, für den Gesamthafenbetrieb dessen Arbeitgeberfunktionen aus. Rechtsbeziehungen bestehen allein zwischen der Gesamthafenbetriebs-Gesellschaft m. b. H. Hamburg und den Gesamthafenarbeitern, nicht aber zum Gesamthafenbetrieb.

1. Errichtung eines Betriebsrats

Bei der Gesamthafenbetriebsgesellschaft sind alle Voraussetzungen erfüllt, um einen Betriebsrat errichten zu können[1]. Die Gesamthafenbetriebsgesellschaft hat insbesondere in der Regel mehr als fünf ständig wahlberechtigte Arbeitnehmer (§ 1 BetrVG)[2], da die Gesamthafenarbeiter in einem Arbeitsverhältnis zur Gesamthafenbetriebsgesellschaft stehen. Als Belegschaftsangehörige sind die Gesamthafenarbeiter wahl-

[1] LAG Hamburg, RdA 1954, S. 80; *Dietz / Richardi*, § 1 Anm. 86; *Fitting / Auffarth / Kaiser*, § 1 Anm. 21; *Wiebel*, RdA 1953, S. 295; *Gramm*, RdA 1958, S. 80; *Völtzer*, Diss., S. 105 ff.

[2] Im Jahre 1973 waren bei der Gesamthafenbetriebsgesellschaft in Hamburg ca. 1500 Gesamthafenarbeiter beschäftigt.

berechtigt (§ 7 BetrVG) und bei der entsprechenden Dauer der Betriebszugehörigkeit wählbar (§ 8 I BetrVG). Die Gesamthafenbetriebsgesellschaft stellt auch eine organisatorische Einheit von Arbeitsmitteln dar, mit denen ein arbeitstechnischer Zweck verfolgt wird, also liegt auch ein Betrieb[3] vor.

2. Soziale Angelegenheiten

Eine Mitbestimmung des Betriebsrats des Gesamthafenbetriebs bei den sozialen Angelegenheiten nach § 87 I BetrVG kommt vor allem nach den Nummern 4, 5, 8, 9, 10, evtl. 11 in Frage. Die Nummern 1, 2, 3 und 12 werden hingegen deshalb ausscheiden, da auf der Ebene des Gesamthafenbetriebs keine Arbeitsleistung erbracht wird, sondern im wesentlichen nur Arbeitnehmerüberlassung erfolgt.

Obwohl sich der Lohnanspruch nach § 12 Abs. 1 der Satzung für den Gesamthafenbetrieb Hamburg gegen den Hafeneinzelbetrieb richtet, erfolgt die *Auszahlung des Lohnes* dennoch nach § 14 Abs. 1 der Satzung und § 13 Abs. 1 der Verwaltungsordnung durch die Gesamthafenbetriebsgesellschaft, welche auch das Lohnzahlungsverfahren festlegt. Insoweit ist also die Möglichkeit der Mitbestimmung nach § 87 I Nr. 4 BetrVG eröffnet.

3. Allgemeine personelle Angelegenheiten

Der Schwerpunkt der Beteiligungsrechte des Gesamthafenbetriebsrats wird bei den personellen Maßnahmen liegen. Da nach § 2 Abs. 2 der Satzung des Gesamthafenbetriebs von Hamburg die Begründung, Veränderung und Beendigung von Arbeitsverhältnissen von der Gesamthafenbetriebsgesellschaft erfolgt, kommen die Vorschriften der §§ 92, 94, 95 BetrVG über Personalplanung, Personalfragebogen sowie Auswahlrichtlinien im Verhältnis zwischen Gesamthafenbetriebsrat und Gesamthafenbetrieb zum Tragen.

4. Personelle Einzelmaßnahmen

Neben den Beteiligungsrechten bei allgemeinen personellen Angelegenheiten sind im Betriebsverfassungsrecht Beteiligungsrechte bei personellen Einzelmaßnahmen kodifiziert. Zu den personellen Einzelmaßnahmen gehören Versetzungen sowie Einstellungen und Kündigungen.

a) Versetzung

Zwar wechseln die Gesamthafenarbeiter häufig ihren Arbeitsplatz, dennoch handelt es sich hierbei *nicht um mitbestimmungspflichtige*

---

[3] Vgl. zum Begriff *Dietz / Richardi*, § 1 Anm. 53 ff.

Versetzungen nach § 99 I BetrVG. Die Gesamthafenarbeiter werden nach der Eigenart ihres Arbeitsverhältnisses notwendig in den Hafeneinzelbetrieben eingesetzt, in denen sie gerade benötigt werden. Es liegt somit ein Fall nach § 95 III S. 2 BetrVG vor.

b) Einstellung und Kündigung

Für die Einstellung und Kündigung ergeben sich ebenso wie bei der Einstellung und Kündigung des Leiharbeitnehmers beim Verleiher keine Besonderheiten.

5. Wirtschaftliche Angelegenheiten

Die Beteiligungsrechte des Gesamthafenbetriebs in wirtschaftlichen Angelegenheiten haben sich an der Zielsetzung und der Sonderstellung des Gesamthafenunternehmens zu orientieren. Beratungs- und Unterrichtungsrechte nach § 106 BetrVG über die Produktions- und Absatzlage des Unternehmens sowie über das Produktionsprogramm scheiden wegen des Charakters der Gesamthafenbetriebsgesellschaft als Arbeitnehmerüberlassungsunternehmen von vorneherein aus. Abgesehen von den Besonderheiten, welche aus der Arbeitsleistung der Gesamthafenarbeiter in den Hafeneinzelbetrieben resultieren, bestehen jedoch im übrigen die Beteiligungsrechte des Gesamthafenbetriebsrats im vollen Umfang. Insbesondere sind bei Betriebsänderungen die Bestimmungen des § 112 BetrVG über Interessenausgleich und Sozialplan anwendbar.

II. Hafeneinzelbetrieb

Die Situation der Gesamthafenarbeiter im Hafeneinzelbetrieb ähnelt sehr stark der der Leiharbeitnehmer im Entleiherbetrieb. Eine Besonderheit ergibt sich nur insoweit, als § 8 Abs. 2 der Satzung für den Gesamthafenbetrieb in Hamburg und § 9 Abs. 2 der Verwaltungsordnung bestimmen, daß die Gesamthafenarbeiter „während der Arbeit bei den Hafeneinzelbetrieben mit allen Rechten und Pflichten auch zu deren Belegschaft gehören". Was Satzung und Verwaltungsordnung mit diesen Bestimmungen regeln wollten ist zweifelhaft. Jedenfalls ist ausgeschlossen, daß dadurch der Anwendungsbereich des Betriebsverfassungsgesetzes ausgedehnt werden könnte. Dies könnte nicht einmal durch Tarifvertrag geschehen[4]. Zwar haben gem. §§ 77 III, 87 I BetrVG Tarifverträge Vorrang vor einer betrieblichen Mitbestimmung, aber es besteht keine Möglichkeit, die abschließenden und zwingenden Rege-

---

[4] Vgl. *Dietz / Richardi*, § 1 Anm. 38, vor § 74 Anm. 39, vor § 87 Anm. 9, 11; LAG Hamm, DB 1974, S. 291; ferner *Weber*, NJW 1973, S. 1953, 1956.

lungen der mitbestimmungspflichtigen Angelegenheiten und der Beteiligungsrechte des Betriebsrats abzuändern[5].

Entscheidend für die betriebsverfassungsrechtliche Behandlung der Gesamthafenarbeiter im Hafeneinzelbetrieb ist deren Schutzbedürftigkeit. Es ist deshalb im einzelnen zu prüfen, wieweit die Stellung der Gesamthafenarbeiter derer von Hafeneinzelbetriebsarbeitern vergleichbar ist.

1. Wahlrecht

Es taucht die Frage auf, ob die Gesamthafenarbeiter außer im Gesamthafenbetrieb auch im Hafeneinzelbetrieb wahlberechtigt sind. Sowohl das aktive als auch das passive Wahlrecht setzen nach §§ 7, 8 BetrVG die Arbeitnehmereigenschaft voraus. Arbeitnehmer im Sinne des Betriebsverfassungsgesetzes sind die in § 5 I BetrVG aufgeführten Personen, welche zum Inhaber des Betriebes in einem Arbeitsverhältnis stehen und in den Betrieb eingegliedert sind[6].

a) Arbeitnehmereigenschaft

Da das Charakteristikum der aufgespaltenen Arbeitgeberstellung beim Gesamthafenarbeitsverhältnis die Aufspaltung auch des Arbeitsverhältnisses darstellt, besteht nicht das volle Spektrum der Rechtsbeziehungen, welches ein Arbeitsverhältnis ausmacht zwischen Gesamthafenarbeiter und Hafeneinzelbetrieb. Der Gesamthafenarbeiter ist also kein Arbeitnehmer des Hafeineinzelbetriebs. Der Normzweck der Bestimmungen des Betriebsverfassungsgesetzes und die Interessenlage der Beteiligten kann jedoch eine analoge Anwendung der §§ 7, 8 BetrVG erforderlich machen.

b) Interessenlage

Die Gesamthafenarbeiter sind weit stärker als die Leiharbeitnehmer der Arbeitgeberstellung des Inhabers des Hafeneinzelbetriebs ausgesetzt. Ihnen kann z. B. außerordentlich gekündigt werden und sie unterliegen dem Direktionsrecht des Inhabers des Hafeneinzelbetriebs. Dieser ist auch Lohnschuldner der Gesamthafenarbeiter. Auf Grund der Schutzbedürftigkeit der Gesamthafenarbeiter besteht deshalb ein Bedürfnis, die Alleinentscheidung des Arbeitgebers durch Mitbestimmung einzuschränken. Ein Herauslösen einzelner Rechtsbeziehungen aus dem Anwendungsbereich des Betriebsverfassungsgesetzes in Folge der Aufspaltung der Arbeitgeberstellung ist zu vermeiden.

---

[5] *Dietz / Richardi* vor § 74 Anm. 39 mit weiteren Nachweisen.

[6] Vgl. *Dietz / Richardi*, § 7 Anm. 2.

Eine Analogie zu §§ 7, 8 BetrVG wäre nicht notwendig, wenn der Betriebsrat des Gesamthafenbetriebs auch im Hafeneinzelbetrieb die kollektiven Beteiligungsrechte ausüben könnte. Dies ist aber aus zwei Gründen nicht möglich: Einmal gibt es keine Regelungen für ein Nebeneinander zweier voneinander unabhängiger Betriebsräte in einem Betrieb. Zum anderen fehlt dem Betriebsrat des Gesamthafenbetriebs jegliche Legitimation im Hafeneinzelbetrieb tätig zu werden. Nicht genug damit, daß es sich beim Gesamthafenbetrieb und dem Hafeneinzelbetrieb um zwei völlig selbständige Betriebe handelt, diese gehören darüber hinaus auch voneinander unabhängigen Unternehmen an.

c) *Aktives Wahlrecht*

Als Repräsentationsorgan, welches auch die Interessen der Gesamthafenarbeiter im Hafeneinzelbetrieb wahrnimmt, kommt nur der Betriebsrat des Hafeneinzelbetriebs in Frage. Dieser Betriebsrat bedarf aber zu einem Handeln für die Gesamthafenarbeiter grundsätzlich deren Legitimation. Eine Ausnahme von diesem Grundsatz wurde für die Leiharbeitnehmer und die gestellten Personen nur wegen deren besonderer Beschäftigungssituation gemacht. Diese Personengruppe ist aber mit den Gesamthafenarbeitern nicht vergleichbar. Die Gesamthafenarbeiter sind wesentlich stärker der Arbeitgeberstellung des Hafeneinzelbetriebsinhabers unterworfen als die Leiharbeitnehmer der des Entleihers. Ferner bedienen sich Entleiherbetriebe in der Regel nicht ständig Leiharbeitnehmern. Die Beschäftigung von Gesamthafenarbeitern ist hingegen ein Charakteristikum der Hafeneinzelbetriebe. Das Wesen der Hafeneinzelbetriebe wird mitgeprägt von den Gesamthafenarbeitern. Diese bedürfen deshalb als spezifische Gruppe einer gewählten Repräsentation. Schließlich ist es wegen des wiederholten Einsatzes der Gesamthafenarbeiter in einer beschränkten Anzahl von Hafeneinzelbetrieben den Gesamthafenarbeitern im Gegensatz zu den Leiharbeitnehmern möglich, Einblick in die betrieblichen Verhältnisse zu erwerben und die Wahlbewerber kennenzulernen. Die Situation von Gesamthafenarbeitern entspricht deshalb viel mehr der Situation von Belegschaftsmitgliedern. Aus all den genannten Gründen ist den Gesamthafenarbeitern im Hafeneinzelbetrieb ein aktives Wahlrecht einzuräumen.

d) *Passives Wahlrecht*

Anders als das aktive Wahlrecht ist das passive Wahlrecht neben der Arbeitnehmereigenschaft noch an eine sechsmonatige Betriebszugehörigkeit geknüpft. Der wechselnde, nur kurzfristige Einsatz der Gesamthafenarbeiter in den verschiedenen Hafeneinzelbetrieben, hat deshalb Rückwirkungen auf das passive Wahlrecht nach § 8 BetrVG. In der Regel wird es nicht zu einer sechsmonatigen Betriebszugehörigkeit des Gesamthafenarbeiters zu einem Hafeneinzelbetrieb kommen. Zwar ist für § 8 I BetrVG keine ununterbrochene Tätigkeit, wohl aber ein ununterbrochenes Arbeitsverhältnis erforderlich[7]. Die stets neue, kurzzeitige Übertragung eines Teils des Arbeitsverhältnisses an die Hafeneinzelbetriebe läßt kein kontinuierliches Teilarbeitsverhältnis entstehen. Die Einsatzzeiten eines Gesamthafenarbeiters bei einem Hafeneinzelbetrieb lassen sich also nicht addieren. Die Gesamthafenarbeiter sind im Hafeneinzelbetrieb nicht passiv wahlberechtigt.

e) Ergebnis

Als Ergebnis bleibt festzuhalten, daß den Gesamthafenarbeitern in den Hafeneinzelbetrieben zwar ein aktives, wegen der kurzfristigen Beschäftigung aber kein passives Wahlrecht einzuräumen ist. Es darf aber nicht verkannt werden, daß das aktive Wahlrecht der Gesamthafenarbeiter im Hafeneinzelbetrieb zu erhöhter Aufmerksamkeit bei der Anwendung des Wahlverfahrens zwingt. Insbesondere muß die Wählerliste bei der Wahl dem neuesten Beschäftigtenstand angepaßt sein. Von Hafeneinzelbetrieben, welche von Natur aus mit den Problemen des Gesamthafenarbeitsverhältnisses vertraut sind, kann jedoch eine erhöhte Sorgfalt erwartet werden.

2. Größe des Betriebsrats

Die Zahl der Betriebsratsmitglieder ist nach § 9 BetrVG abhängig von der Zahl der betrieblichen Arbeitnehmer, wobei das Gesetz bei kleineren Betrieben auf die wahlberechtigten Arbeitnehmer bei größeren Betrieben allgemein auf die Arbeitnehmer abstellt. Es taucht nun die Frage auf, ob die Gesamthafenarbeiter bei der Berechnung der Zahl der Betriebsratssitze beim Hafeneinzelbetrieb eine Rolle spielen. Dabei ergibt sich ein zweifaches Problem: Einmal ist die Möglichkeit einer Einbeziehung der Gesamthafenarbeiter in den Arbeitnehmerbegriff des § 9 BetrVG zu erörtern, zum anderen ist die Zahl der regelmäßig Beschäftigten zu bestimmen.

a) Arbeitnehmereigenschaft

Wie an früherer Stelle gezeigt wurde, werden durch die Inhaber der Hafeneinzelbetriebe wesentliche Arbeitgeberfunktionen ausgeübt. Die Gesamthafenarbeiter erbringen ferner ihre gesamte Arbeitsleistung in den Hafeneinzelbetrieben. Es sind deshalb die Gesamthafenarbeiter bei der Bestimmung der Zahl der Betriebsratssitze im Hafeneinzel-

---

[7] Vgl. *Dietz / Richardi*, § 8 Anm. 16 ff.

betrieb zu berücksichtigen. Nur dadurch kann sichergestellt werden, daß die Gesamthafenarbeiter eine ausreichende Betreuung durch den Betriebsrat erfahren. Die Gesamthafenarbeiter sind im Hafeneinzelbetrieb bei der Bestimmung der Zahl der Betriebsratssitze als wahlberechtigte Arbeitnehmer zu behandeln.

b) Zahl der regelmäßig Beschäftigten[8]

Schwierig ist es für die Hafeneinzelbetriebe, die Zahl der regelmäßig Beschäftigten festzustellen. Die Zahl der Gesamthafenarbeiter schwankt je nach der Anzahl der Schiffe, welche be- oder entladen werden müssen. Es muß im Einzelfall festgelegt werden, in welchem Ausmaß die Beschäftigung unständiger Arbeitnehmer dem Regelzustand entspricht.

3. Freistellung von Betriebsratsmitgliedern

Die Freistellung einzelner Betriebsratsmitglieder von ihrer beruflichen Tätigkeit ist gem. § 38 BetrVG abhängig von der Zahl der in der Regel beschäftigten Arbeitnehmer eines Betriebs. Auf Grund der starken Arbeitgeberstellung des Inhabers des Hafeneinzelbetriebs ist es notwendig, die Gesamthafenarbeiter den Belegschaftsangehörigen gleichzustellen. Die Gesamthafenarbeiter bedürfen nahezu im gleichen Umfang wie die betrieblichen Arbeitnehmer der Betreuung durch den Betriebsrat. Die Gesamthafenarbeiter erbringen ihre gesamte Arbeitsleistung in den Hafeneinzelbetrieben und sind dort für die Dauer ihrer Arbeitsleistung integriert.

Ebenso wie bei § 9 BetrVG ist es trotz der Gleichstellung aber schwierig, die Zahl der in der Regel beschäftigten Gesamthafenarbeiter festzustellen.

4. Mitwirkungs- und Beschwerderechte

Der Gesamthafenarbeiter leistet seine Arbeit nicht im Gesamthafenbetrieb, sondern bei den Hafeneinzelbetrieben. Der Arbeitsplatz des Gesamthafenarbeiters liegt deshalb in den Hafeneinzelbetrieben. Wenn die §§ 81 ff. BetrVG dem Zweck dienen, die Stellung des Arbeitnehmers insbesondere in dem Bereich „rund um seinen Arbeitsplatz"[9] zu stärken, so ergibt sich von selbst, daß die Mitsprache- und Mitwirkungsrechte nur gegenüber den Hafeneinzelbetriebsinhabern ihre Wirksamkeit entfalten können.

---

[8] Vgl. zu den Problemen bei der Bestimmung der Zahl der regelmäßig Beschäftigten: *Dietz / Richardi* § 9 Anm. 7.

[9] Begründung zum Regierungsentwurf, BT-Drucksache VI/1786, S. 47.

a) § 81 BetrVG

Auf Grund der Stellung des Inhabers des Hafeneinzelbetriebs besteht eine Unterrichtungspflicht nach § 81 BetrVG. Diese erstreckt sich auf Aufgabenstellung, Verantwortung sowie auf die Art der Tätigkeit des Arbeitnehmers und ihre Einordnung in den Arbeitsablauf des Betriebs. Der Gesamthafenarbeitnehmer ist vor dem Beginn der Beschäftigung über die Unfall- und Gesundheitsgefahren sowie über Maßnahmen und Einrichtungen zur Abwendung dieser Gefahren zu belehren.

b) §§ 82, 84 BetrVG

Um die Mitwirkungs- und Beschwerderechte nicht leerlaufen zu lassen, muß der Gesamthafenarbeiter die Anhörungs- und Erörterungsrechte nach § 82 BetrVG sowie das Beschwerderecht nach § 84 BetrVG auch im Hafeneinzelbetrieb geltend machen können. Auch der Gesamthafenarbeiter kann von betriebsorganisatorischen Maßnahmen des Hafeneinzelbetriebs betroffen werden, so z. B., wenn das Löschen eines Schiffes umorganisiert wird. Da sich der Lohnanspruch gemäß § 12 Abs. 1 der Satzung für den Gesamthafenbetrieb Hamburg und § 14 der Verwaltungsordnung gegen den Hafeneinzelbetrieb richtet und die Lohnabrechnung sich schwierig gestaltet, ist § 82 II BetrVG von besonderer Bedeutung. Danach kann der Arbeitnehmer verlangen, daß ihm die Berechnung und Zusammensetzung seines Arbeitsentgelts erläutert wird.

Schließlich ist es notwendig, daß sich der Gesamthafenarbeiter über Benachteiligungen und Beeinträchtigungen von Seiten des Arbeitgebers oder der Belegschaft gem. § 84 BetrVG beschweren kann.

c) § 83 BetrVG

Das Recht auf Einsicht in die Personalakten kann beim Hafeneinzelbetrieb nur dann geltend gemacht werden, wenn dort Personalakten geführt werden. Da die Gesamthafenarbeiter zwar wiederholt, aber nur kurzfristig bei den Hafeneinzelbetrieben beschäftigt werden, werden in der Regel nur beim Gesamthafenbetrieb Personalakten geführt werden.

5. Soziale Angelegenheiten

Bei der Mitbestimmung in sozialen Angelegenheiten nach § 87 BetrVG im Hafeneinzelbetrieb tauchen die gleichen Probleme auf wie bei der Arbeitnehmerüberlassung nach dem Gesetz zur Regelung der Arbeitnehmerüberlassung vom 7. 8. 1972. Um Wiederholungen zu vermeiden, soll deshalb an dieser Stelle auf die Ausführungen zum Leiharbeitsverhältnis verwiesen werden.

6. Personelle Angelegenheiten

Während *allgemeine personelle Maßnahmen* und Berufsbildungsfragen für die Gesamthafenarbeiter in den Hafeneinzelbetrieben von untergeordneter Bedeutung sind, ist auf die *personellen Einzelmaßnahmen* näher einzugehen.

a) Einstellung

Ebenso wie bei den Leiharbeitnehmern ist auch bei den Gesamthafenarbeitern problematisch, ob ihr Eintritt in den Entleiherbetrieb, hier also den Hafeneinzelbetrieb, eine zustimmungsbedürftige Einstellung gemäß § 99 BetrVG darstellt.

Da aber das Mitbestimmungsrecht nicht weiter gehen kann als die Arbeitgeberstellung, den Hafeneinzelbetrieben jedoch die Gesamthafenarbeiter gem. den §§ 23, 25 der Verwaltungsordnung für den Gesamthafenbetrieb Hamburg vom Gesamthafenbetrieb *zugeteilt* werden, besteht hinsichtlich der *Person* des Gesamthafenarbeiters durch den Hafeneinzelbetriebsrat kein Mitbestimmungs- und folglich auch kein Unterrichtungsrecht.

Was die Mitbestimmung bei der grundsätzlichen Frage anbelangt, ob überhaupt Gesamthafenarbeiter eingestellt werden, so gilt das beim Leiharbeitsverhältnis Ausgeführte.

b) Kündigung

Die Beschäftigung des Gesamthafenarbeiters beim Hafeneinzelbetrieb endet normalerweise nicht durch Kündigung. Gemäß § 9 Abs. 3 der Verwaltungsordnung kann der Gesamthafenarbeiter vom Hafeneinzelbetrieb jedoch fristlos entlassen werden mit der Wirkung, daß das Arbeitsverhältnis erlischt. In diesem Fall hat der Betriebsrat des Hafeneinzelbetriebs die Rechte nach § 102 BetrVG, welche ihm für den Fall einer außerordentlichen Kündigung zustehen. Eine Beteiligung des Betriebsrats des Gesamthafenbetriebs gegen Maßnahmen des rechtlich völlig selbständigen Hafeneinzelbetriebsinhaber ist hingegen ausgeschlossen. Die Kompetenz jedes Betriebsrats ist auf den innerbetrieblichen Arbeitgeber beschränkt.

7. Wirtschaftliche Angelegenheiten

Die Beschäftigung von Gesamthafenarbeitern in Hafeneinzelbetrieben könnte Rückwirkungen auch auf die Mitbestimmung in wirtschaftlichen Angelegenheiten haben. Es ist insbesondere zu klären, welche Bedeutung den Interessen und sozialen Belangen der Gesamthafenarbeiter bei einer Betriebsänderung eines Hafeneinzelbetriebs beizumessen ist.

a) Interessenausgleich

Einer Betriebsänderung hat der Versuch eines Interessenausgleichs zwischen Unternehmer und Betriebsrat vorauszugehen, § 112 I S. 1 BetrVG. Da in den Hafeneinzelbetrieben nur der eigene Betriebsrat und nicht der externe Gesamthafenbetriebsrat tätig werden kann, könnte ersterer dazu berufen sein, auch die Interessen der Gesamthafenarbeiter wahrzunehmen. Es stellt sich daher die Frage, ob eine Betriebsänderung im Hafeneinzelbetrieb überhaupt schützenswerte Belange der Gesamthafenarbeiter treffen kann. Die Zahl der Hafeneinzelbetriebe einer Hafenstadt ist begrenzt, so daß die Gesamthafenarbeiter in Abständen jeweils in den gleichen Betrieben eingesetzt werden. Durch die Beschränkung der Arbeitsleistung auf eine überschaubare Zahl von Hafeneinzelbetrieben gewinnen Betriebsänderungen auch für die Gesamthafenarbeiter Bedeutung. Da die Hafeneinzelbetriebe regelmäßig Gesamthafenarbeiter einsetzen, hat jede Betriebsänderung — sei es die Einschränkung, Stillegung oder Verlegung eines ganzen Betriebs oder von wesentlichen Betriebsteilen, sei es ein Zusammenschluß mit anderen Betrieben oder eine grundlegende Änderung der Betriebsorganisation, des Betriebszwecks oder der Betriebsanlagen, sei es die Einführung grundlegend neuer Arbeitsmethoden und Fertigungsverfahren — auch Auswirkungen auf die Gesamthafenarbeiter. Der Hafeneinzelbetriebsrat hat deshalb nach § 112 I BetrVG auch die Interessen der Gesamthafenarbeiter zu vertreten. Auch im Verfahren nach § 112 II und III BetrVG sind die Interessen der Gesamthafenarbeiter zu berücksichtigen.

b) Sozialplan

Es taucht ferner das Problem auf, ob die Gesamthafenarbeiter in einen Sozialplan miteinzubeziehen sind. Der Sozialplan hat nach der Legaldefinition des § 112 I S. 2 BetrVG die Funktion, einen Ausgleich oder eine Milderung der wirtschaftlichen Nachteile, welche die Arbeitnehmer infolge der geplanten Betriebsänderung zu erwarten haben, herbeizuführen. Eine Berücksichtigung der Gesamthafenarbeiter ist deshalb nur dann sinnvoll, wenn diese wirtschaftliche Nachteile erleiden können. Dies ist unmittelbar nicht möglich, da die Gesamthafenarbeiter durch die arbeitsrechtliche Bindung an den Gesamthafenbetrieb wirtschaftlich abgesichert sind. Die Berücksichtigung von nur mittelbaren Folgen einer Betriebsänderung im Sozialplan stößt auf verschiedene Bedenken. Zum einen sind die wirtschaftlichen Auswirkungen einer Betriebsänderung auf die einzelnen Gesamthafenarbeiter schwer quantifizierbar. Zum anderen ist fraglich, wer von den Gesamthafenarbeitern in den Genuß des Sozialplans kommen sollte. Wenn man überhaupt wirtschaftliche Nachteile annehmen will, so treffen sie alle

Gesamthafenarbeiter, also auch die im Zeitpunkt der Betriebsänderung anderweitig Beschäftigten, gleichmäßig. Es müßten demnach alle Gesamthafenarbeiter in den Sozialplan aufgenommen werden. Die Bildung eines Gesamthafenbetriebs hat zur Schaffung einer Risikogemeinschaft geführt. Durch eine Betriebsänderung des Hafeneinzelbetriebs kann genau genommen nur der Gesamthafenbetrieb in seiner Möglichkeit zur wirtschaftlichen Betätigung beeinträchtigt werden. Die wirtschaftliche Unabhängigkeit des Gesamthafenbetriebs von einem einzelnen Hafeneinzelbetrieb führt jedoch zu solch einer breiten Risikostreuung, daß Betriebsänderungen in einem Hafeneinzelbetrieb in der Regel ohne schwerwiegende Rückwirkungen auf die wirtschaftliche Situation des Gesamthafenbetriebs und damit auf die Gesamthafenarbeiter bleiben wird. Die Gesamthafenarbeiter sind also normalerweise nicht im Sozialplan zu berücksichtigen.

III. Zusammenfassung

Die Schwierigkeiten, welche bei der betriebsverfassungsrechtlichen Behandlung des Gesamthafenarbeitsverhältnisses auftauchen, haben zwei Gründe: Zum einen ist das Arbeitsverhältnis aufgespalten, so daß Rechtsbeziehungen zwischen dem Gesamthafenarbeiter und zwei rechtlich voneinander unabhängigen Arbeitgebern bestehen, zum anderen sind die Gesamthafenarbeiter in zwei verschiedene Betriebe integriert. Das Schutzbedürfnis der Gesamthafenarbeiter erfordert es, eine aus der Aufspaltung des Arbeitsverhältnisses resultierende betriebsverfassungsrechtliche Benachteiligung der Gesamthafenarbeiter zu verhindern.

§ 10 Betriebsverfassungsrechtliche Behandlung des mittelbaren Arbeitsverhältnisses

Das mittelbare Arbeitsverhältnis ist gleichfalls durch zwei Faktoren gekennzeichnet: Durch die Aufspaltung des Arbeitsverhältnisses und durch die Zuordnung der Gehilfen zu zwei Betrieben, dem des Mittelsmanns und dem des mittelbaren Arbeitgebers. Es stellt sich die Frage, welche Konsequenzen dies für das Betriebsverfassungsrecht hat.

Entsprechend dem Grundsatz, daß dem Arbeitnehmer durch die Aufspaltung des Arbeitsverhältnisses kein Rechtsnachteil entstehen soll, ist das Betriebsverfassungsgesetz sowohl im Verhältnis zwischen Gehilfen und Mittelsmann als auch im Verhältnis zwischen Gehilfen und mittelbarem Arbeitgeber anwendbar. Darüber hinausgehende Aussagen zu treffen, ist ungeheuer schwer. Das mittelbare Arbeitsverhältnis ist heute weitgehend nur mehr abstrakt bestimmbar, empirische Unterlagen fehlen völlig. Deshalb kann, was die betriebsverfassungsrechtliche Behandlung des mittelbaren Arbeitsverhältnisses anbelangt, nur pauschal auf die vorhergehenden Ausführungen zur aufgespaltenen Arbeitgeberstellung verwiesen werden. Der Grad der Anwendbarkeit von Betriebsverfassungsrecht im Verhältnis zum Mittelsmann und zum mittelbaren Arbeitgeber ist im Einzelfall abhängig von der Intensität der jeweiligen Rechtsbeziehungen.

§ 11 Beschäftigungsverhältnis bei den alliierten Streitkräften und Betriebsverfassungsrecht

Die Aufspaltung der Arbeitgeberstellung infolge der Beschäftigung deutschen Personals bei den alliierten Streitkräften hat keine Bedeutung für das Betriebsverfassungsrecht. Die Betriebe und Verwaltungen der in der Bundesrepublik stationierten Truppenverbände unterfallen nicht dem Anwendungsbereich des Betriebsverfassungsgesetzes. Art. 56 IX des Zusatzabkommens zum Abkommen der Parteien des Nordatlantikvertrages über die Rechtsstellung ihrer Truppen hinsichtlich der in der Bundesrepublik Deutschland stationierten ausländischen Truppen regelt, daß die zivilen Arbeitskräfte dem Personalvertretungsgesetz — und dies nicht in unbeschränktem Umfang — unterliegen. In Berlin unterfallen die Arbeitnehmer der ausländischen Streitkräfte gem. Nr. 2 lit. d Nr. III der Anordnung vom 27. Sept. 1965 über das bei den Besatzungsbehörden und -streitkräften in Berlin beschäftigte nicht alliierte Personal[1] nicht einmal dem Personalvertretungsgesetz.

[1] GVBl., S. 1431.

§ 12 Ergebnis

Faßt man das Ergebnis der Untersuchung zusammen, so lassen sich abschließend folgende Thesen formulieren:

1. Die Aufspaltung der Arbeitgeberstellung vollzieht sich durch Funktionsverteilung innerhalb eines einzigen Arbeitsverhältnisses.
2. Die Aufspaltung der Arbeitgeberstellung kann, muß aber nicht unbedingt, eine Aufspaltung des Arbeitsverhältnisses zur Folge haben.
3. Erfolgt durch die Aufspaltung der Arbeitgeberstellung auch eine Aufspaltung des Arbeitsverhältnisses, so läßt sich letztere rechtlich am einleuchtendsten mit Hilfe einer partiellen Vertragsübernahme erklären.
4. Die Aufspaltung der Arbeitgeberstellung darf nicht zur Folge haben, daß arbeitsrechtliche Rechtsbeziehungen dem Anwendungsbereich des Betriebsverfassungsgesetzes entzogen werden.
5. Besondere betriebsverfassungsrechtliche Probleme wirft nur die Form der aufgespaltenen Arbeitgeberstellung auf, welche gleichzeitig zu einer Aufspaltung des Arbeitsverhältnisses und einer Zuordnung des Arbeitnehmers zu zwei Betrieben führt.
6. Bei einem Entlassen einzelner die Arbeitsleistung des Mitglieds betreffender Rechtsbeziehungen aus einem Mitgliedschaftsverhältnis tauchen der aufgespaltenen Arbeitgeberstellung vergleichbare Probleme auf.

Literaturverzeichnis

Assmann, Jürgen: Rechtsfragen zum Gesamthafenbetrieb, Diss. Hamburg 1965.

Becker, Friedrich: Anmerkung zum Beschluß des BAG v. 14. 5. 1974 — 1 ABR 40/73 — zu § 99 BetrVG, NJW 1974 S. 1966.

— Das Arbeitnehmerüberlassungsgesetz, BlStSozArbR 1972 S. 113.

— Kommentar zum Arbeitnehmerüberlassungsgesetz, 1973.

Becker / Kreikebaum: Friedrich Becker und Hartmut Kreikebaum: Zeitarbeit, Band 1 der Schriften zur Arbeitsrechts-Blattei 1974.

Beitzke, Günther: Verbesserung der Rechtsstellung von Arbeitnehmern bei den Stationierungsstreitkräften, RdA 1973 S. 156 f.

Bötticher, Eduard: Die Gemeinsamen Einrichtungen der Tarifvertragsparteien, 1966.

Brecht, Hans-Theo: Kommentar zum Betriebsverfassungsgesetz, 1972.

Brosius, Hartmut: Die Rechtsstellung der Rotkreuz-Schwestern aus arbeitsrechtlicher Sicht, Diss. Köln 1968.

Büssing, H.: Gruppenarbeitsvertrag, 1926.

Bulla, Werner: Das Wahlrecht von Leiharbeitnehmern bei Betriebsratswahlen, DB 1975 S. 1795.

Dietz / Richardi: Rolf Dietz und Reinhard Richardi: Kommentar zum Betriebsverfassungsgesetz 1972, 5. Aufl., 1973.

Ehrenberg, Victor: Ehrenbergs Handbuch des gesamten Handelsrechts, 2. Bd. 1918.

Erdmann / Jürging / Kammann: Ernst-Gerhard Erdmann, Claus Jürging und Karl-Udo Kammann: Kommentar zum Betriebsverfassungsgesetz, 1972.

Fabricius / Kraft / Thiele / Wiese: Fritz Fabricius, Alfons Kraft, Wolfgang Thiele und Günther Wiese: Gemeinschaftskommentar zum Betriebsverfassungsgesetz 1972.
(zit.: GK)

Fikentscher, Wolfgang: Schuldrecht, 3. Aufl., 1971.

Fitting / Auffarth / Kaiser: Karl Fitting, Fritz Auffarth und Heinz Kaiser: Kommentar zum Betriebsverfassungsgesetz, 12. Aufl., 1977.

Flatow / Kahn-Freund: Georg Flatow und Otto Kahn-Freund: Betriebsrätegesetz, 13. Aufl., 1931.

Flume, Werner: Allgemeiner Teil des Bürgerlichen Rechts Bd. II, 2. Aufl., 1975.

Franßen / Haesen: Everhardt Franßen und Wilfried Haesen: Kommentar zum Arbeitnehmerüberlassungsgesetz, 1974.

Girgensohn, Gerhard: Die arbeitsrechtliche Stellung der Krankenschwestern, Diss. Köln 1962.

Gnade / Kehrmann / Schneider: Albert Gnade, Karl Kehrmann und Wolfgang Schneider: Kommentar zum Betriebsverfassungsgesetz, 1972.

Gramm, Hans: Zum Gesamthafenbetrieb, RdA 1958 S. 330.

Hanstein, Honorius, OFM: Ordensrecht, 2. Aufl., 1958.

Heinze, Meinhard: Rechtsprobleme des sog. echten Leiharbeitsverhältnisses, ZfA 1976 S. 183.

Hofrichter, Paul: Das mittelbare Arbeitsverhältnis, Zwischenpersonen und Gruppen im Arbeitsrecht, 1939.

Hueck, Götz: Anmerkung zum Beschluß des BAG v. 14. 5. 1974 — 1 ABR 40/73 — zu § 99 BetrVG, SAE 1975 S. 147.

Hueck / Nipperdey: Alfred Hueck und Hans Carl Nipperdey: Lehrbuch des Arbeitsrechts, 1. Bd., 7. Aufl., 1963.

— Grundriß des Arbeitsrechts, 5. Aufl., 1970.

Hunold, Wolf: Zum Umfang der Unterrichtungspflicht des Arbeitgebers gemäß § 99 Abs. 1 BetrVG bei Beschäftigung von Leiharbeitnehmern, BB 1976 S. 648.

Karakatsanis, Alexander: Die kollektivrechtliche Gestaltung des Arbeitsverhältnisses und ihre Grenzen, 1963.

Kaskel / Dersch: Walter Kaskel und Hermann Dersch: Arbeitsrecht, 5. Aufl., 1957.

Knuth, Horst Hermann: Die arbeitsrechtliche Stellung der Rotkreuzschwester, Diss. Köln 1968.

Kübler, Friedrich: Kodifikation und Demokratie, JZ 1969 S. 645.

Küchenhoff, Günther: Kommentar zum Betriebsverfassungsgesetz, 2. Aufl., 1974.

Luhmann, Ulrich: Betriebsjustiz und Rechtsstaat, 1975 = Vertragsrechtliche Sanktionen und betriebliche Strafgewalt bei Ordnungsverstößen im Arbeitsverhältnis, Diss. Regensburg 1973.

v. Maltzahn, H.-W.: Nochmals: Die Gestellungsverträge der Schwesternorganisationen, RdA 1955 S. 454.

Marschall, Dieter: Neuregelung der Leiharbeit notwendig?, DB 1975 S. 303.

Maurer, Kurt: Betriebsverfassungsrechtliche Zugehörigkeit des Leiharbeitnehmers nach dem Arbeitnehmerüberlassungsgesetz, BB 1974 S. 512.

Maus, Wilhelm: Handbuch des Arbeitsrechts (Loseblattausgabe).

v. Maydell, Bernd: Könnnen Rote-Kreuz-Schwestern Bedienstete im Sinne des Personalvertretungsgesetzes sein?, AuR 1967 S. 203.

Mayer-Maly, Theo: Erwerbsabsicht und Arbeitnehmerbegriff, 1965.

— Krankenhausstruktur, Betriebsverfassung und Kirchenautonomie, Rechtsgutachten 1975.

— Das Leiharbeitsverhältnis, ZfA 1972 S. 1.

Molitor, Erich: Schwesterngestellungsvertrag, I/791, 840, in: Kuhns, Das gesamte Recht der Heilberufe, 1958.

— Rahmenverträge über die Beschäftigung von Krankenschwestern, Festschrift für Alfred Hueck, 1959 S. 93.

Molitor / Hueck / Riezler: Erich Molitor, Alfred Hueck, Erwin Riezler: Der Arbeitsvertrag und der Entwurf eines Allgemeinen Arbeitsvertrags-Gesetzes, 1925.

Molitor und *H. Lehmann:* Gutachten zur Berufsfrage des deutschen Landarbeiters, 1934.

Müller, Gerhard: Das Recht des Ordensvertrages, 1956.

Müller-Erzbach, Rudolf: Das private Recht der Mitgliedschaft als Prüfstein eines kausalen Rechtsdenkens, 1948.

Mumot, F. Ulrich: Die betriebsverfassungsrechtlichen Beteiligungsrechte bei der Beschäftigung von Leiharbeitnehmern, Diss. Bonn 1975.

Nikisch, Arthur: Arbeitsrecht, 1. Bd., 3. Aufl., 1961 (zit.: Nikisch I).

— Zur rechtlichen Stellung der Rote-Kreuz-Schwestern, Festschrift für Alfred Hueck, 1959 S. 1.

Palandt, Otto: Bürgerliches Gesetzbuch, Kommentar, 37. Aufl., 1978. (zit.: Palandt-(Bearbeiter)).

Pieper, Helmut: Vertragsübernahme und Vertragsbeitritt, Beiträge zum Zivilrecht und Zivilprozeß, 11. Heft, 1963.

Planck, Gottlieb: Kommentar zum Bürgerlichen Gesetzbuch, 4. Aufl., 1928.

Plett, E.: Die Rechtsform der Gesamthafenbetriebe, RdA 1955 S. 50.

Ramm, Thilo: Die Aufspaltung der Arbeitgeberfunktionen (Leiharbeitsverhältnis, mittelbares Arbeitsverhältnis, Arbeitnehmerüberlassung und Gesamthafenarbeitsverhältnis), ZfA 1973 S. 263.

— Eine Kritik des Arbeitnehmerüberlassungsgesetzes, DB 1973 S. 1170.

Rehbinder, Manfred: Die Rechtsnatur der Arbeitsverhältnisse der deutschen Arbeitnehmer bei den ausländischen Streitkräften, 1969.

v. Rehren, Rembert: Die arbeitsrechtliche Stellung von Krankenschwestern, Diss. Hamburg 1960.

Richardi, Reinhard: Anmerkung zum Beschluß des BAG vom 19. Dezember 1969, SAE 1970, 260.

— Kirchlicher Dienst und Arbeitsrecht, ZevKR Bd. 19 (1974) S. 275.

— Kollektivgewalt und Individualwille bei der Gestaltung des Arbeitsverhältnisses, 1968.

Rüthers, Bernd: Probleme der Organisation, des Weisungsrechts und der Haftung bei Gruppenarbeit, ZfA 1977 S. 1 ff.

Säcker, Franz-Jürgen: Gruppenautonomie und Übermachtkontrolle im Arbeitsrecht, 1972.

Sandmann / Vielhaber: Kommentar zum Arbeitnehmerüberlassungsgesetz, 1972.

Savaéte, Eugen: Die Rechtsstellung der auf Grund von Gestellungsverträgen in Krankenanstalten tätigen Krankenschwestern, AuR 1959 S. 5.

Schaub, Günter: Arbeitsrechtshandbuch, 3. Aufl., 1977.

Scheffler, Friedrich: Gruppenarbeit, 1927.

Schnorr von Carolsfeld, Ludwig: Zur Arbeitsleistung im Rahmen von Gesellschaftsverhältnissen, Festschrift für Alfred Hueck, 1959 S. 261 ff.

Scholz, Frank: Kommentar zum GmbH-Gesetz, 5. Aufl., 1964 (zit.: Scholz, GmbHG).

Schubel / Engelbrecht: Hans-Dietrich Schubel und Georg Engelbrecht: Kommentar zum Gesetz über die gewerbsmäßige Arbeitnehmerüberlassung, 1973.

Siber, Heinrich: Grundriß des Deutschen Bürgerlichen Rechts, 2. Schuldrecht, 1931.

Soergel / Siebert: Kommentar zum bürgerlichen Gesetzbuch, Band 6, 10. Aufl., 1974
(zit.: Soergel / Siebert, BGB).

Söllner, Alfred: Arbeitsrecht, 4. Aufl., 1974.

v. Staudinger: Bürgerliches Gesetzbuch mit Einführungsgesetz und Nebengesetzen, Kommentar, 11. Aufl., II. Band, 3. Teil (§§ 611 - 704), 1958
(zit.: Staudinger (-Bearbeiter)).

Teich, Ulrich: Die Rechtsstellung der Krankenschwestern und Krankenpflegerhelferinnen in ihren Verbänden und in der Krankenanstalt, Diss. Würzburg 1972.

Trieschmann, Günther: Die Gestellungsverträge der Schwesternorganisationen, RdA 1955 S. 52.

Völpel, Bernd: Betriebsrat und Krankenhaus, Arztrecht 1972 S. 107.

Völtzer, Klaus: Rechtsfragen zum Gesetz über die Schaffung eines besonderen Arbeitgebers für Hafenarbeiter (Gesamthafenbetrieb) vom 3. August 1950, Diss. Hamburg 1957.

Wiebel, Emil: Die Gesamthafenbetriebe, Diss. Würzburg 1953.

— Die Gestaltung der Gesamthafenbetriebe, RdA 1953 S. 291.

Windbichler, Christine: Mitbestimmung des Betriebsrats bei der Beschäftigung von Leiharbeitnehmern, DB 1975 S. 739.

Zöllner, Wolfgang: Arbeitsrecht, 1977.

FSC
www.fsc.org
MIX
Papier | Fördert gute Waldnutzung
FSC® C083411

Kolibri 360 GmbH
Ferdinand-Jühlke-Straße 7
99095 Erfurt, Deutschland
produktsicherheit@kolibri360.de

Druck:
CPI Druckdienstleistungen GmbH
im Auftrag der
Kolibri 360 GmbH
Ferdinand-Jühlke-Str. 7
99095 Erfurt